CAMBIA TU CORAZON, TRANSFORMA TU VIDA

Rayos de Sol, comentario de **Jorte Namka Pelsen** al *Adiestramiento de la Mente en Siete Puntos* de Gueshe Chekawa.

Enseñanzas orales de
Gueshe Tamding Gyatso

Por
Isidro Gordi

Traducción al inglés por
Tenzin Wangdak

Ediciones Amara. Ciutadella de Menorca

Publicado por vez primera en 2011
por Ediciones Amara

Impreso en España / Printed in Spain

ISBN: 978-84-95094-41-4
Depósito legal: B. 34.846-2011

Talleres Gráficos Vigor, S.A.
08980 Sant Feliu de Llobregat (Barcelona)

Contenido

Prefacio de S.S. el Dalai Lama 4

Prefacio del autor 5

Introducción 11

El Linaje 13

Cualidades del Adiestramiento Mental 19

Prácticas Preliminares 23

El Perfecto Renacimiento Humano 27

Reflexionar en la muerte y la impermanencia 31

Observar la ley de causa y efecto 39

Reflexionar en las desventajas e inconvenientes
de la existencia cíclica 45

La Práctica en sí. 51

Transformación de las circunstancias adversas 81

Cómo integrar la práctica 87

El éxito en nuestra práctica 91

Los compromisos 95

Los consejos 101

La bodhichita última. 109

Apéndice 1. Encabezamientos del texto 135

Apéndice 2. Texto raíz del Adiestramiento
de la Mente en Siete Puntos. 141

Glosario 145

Prefacio

De Su Santidad el décimo cuarto Dalai Lama.

THE DALAI LAMA

Es excelente para los españoles interesados en el budismo que se publiquen las enseñanzas orales impartidas por Gueshe Tamding Gyatso, Este libro proporcionará a mucha gente la oportunidad de saborear el néctar de la doctrina budista, Deseo a todos lo mejor y elevo mis plegarias para que alcancéis la felicidad temporal y última.

Prefacio del Autor

La filosofía budista afirma que la mente es el creador de nuestras experiencias. Según esta premisa, en dependencia del estado de nuestra consciencia vemos el mundo que nos rodea de un modo u otro. Si la mente está repleta de concepciones erróneas provocan una percepción de la realidad deformada cuya consecuencia es que llevamos a cabo acciones poco hábiles que se traducen en malestar. El Noble Buda buscó y encontró el método para transformar nuestra mente y hacer que las acciones que llevamos a cabo no tengan consecuencias negativas. Conseguir esta transformación no es tarea fácil, requiere un adiestramiento en las enseñanzas de *Lam Rim* (Las Etapas del Camino), *Lo Yong* (El Adiestramiento de la Mente) y *Mahamudra* (El Gran Sello). Tener éxito en estos tres pilares provoca una revolución interior capaz de llevar a los seres más allá de sus engaños y sumirlos en la gozosa experiencia de la naturaleza pura de la mente.

Una de las enseñanzas budistas más importante es el *Lo Yong* porque revela métodos precisos para erradicar por completo los aspectos negativos de la mente. Existen muchos textos de *Lo Yong*, pero el rey de todos ellos es *Rayos de Sol* de Jorte Namka Pelsen, discípulo directo de Je Tsong Khapa (1357-1419). *Rayos de Sol,* consta de siete puntos principales que proceden del famoso *Adiestramiento de la Mente en Siete Puntos,* compuesto por el célebre Gueshe Chekawa (1102-1176).

Rayos de Sol presenta la historia, cualidades, y beneficios del adiestramiento mental, constatando su valía como camino de conocimiento, pues generaciones de yoguis han experimentado su autenticidad. Nos anima también a poner en práctica las instrucciones que empezamos a encontrar a partir del primero de los siete punto, las Prácticas Preliminares. Éstas actúan como preparación para estar en disposición de aceptar el desarrollo de una actitud altruista. Además de explicar la importancia de meditar, nos introduce a cuatro temas cuya comprensión hace posible cambiar la dirección actual de nuestra mente, atrapada por la preocupación de obtener placeres pasajeros. Aprendemos a valorar y a sentir un orgullo sano por poseer la potencialidad de llegar a la Iluminación. Por otro lado, nos enseña a afrontar nuestra propia impermanencia, hecho que provoca la distensión de nuestro aferramiento a las preocupaciones cotidianas. Así generamos la renuncia: el deseo de apartarse de los avatares de la existencia cíclica y el despertar de la energía necesaria para liberarnos de los engaños.

El segundo punto introduce los dos tipos de bodhichita: la convencional y la última. La primera consiste en abrir nuestro corazón hacia todos los seres viendo que son nuestros iguales y recordando su amabilidad. Este reconocimiento nos impulsa a buscar el estado de la Iluminación que nos capacite para poder beneficiar a todos los seres.

El segundo tipo de bodhichita es la sabiduría que comprende la vacuidad o naturaleza última de los fenómenos. Esta sabiduría, como un profundo secreto, aguarda en nuestro interior para ser descubierta y es lo que corta de raíz la ignorancia, responsable de todos nuestros males. Nos son reveladas instrucciones para dominar nuestra mente cada vez que surjan los engaños que la envenenan: el apego, el odio y la ignorancia.

El tercer punto nos introduce a una serie de métodos, merced a los cuales podamos transformar cualquier estado que nos produzca malestar en aquello que produce bienestar. El cuarto punto nos enseña a utilizar nuestras actividades cotidianas como una práctica capaz de producir paz y felicidad permanentes; aprendemos a dar sentido al más simple de nuestros actos. El quinto punto proporciona un termómetro espiritual para calibrar nuestro nivel de desarrollo interno.

El sexto y séptimo puntos tratan los compromisos a seguir si decidimos involucrarnos en una práctica espiritual seria. Éstos no deberían interpretarse como una imposición destinada a vetar nuestra libertad individual, sino todo lo contrario. Son pautas de comportamiento físico, verbal y mental destinados a acomodar cualquier acción al desarrollo de nuestros objetivos espirituales.

Si permitimos que los *Rayos de Sol* de nuestra práctica inunden nuestra mente, la oscuridad en la que estamos sumidos desaparecerá para que brille la luz interior, latente en todo ser.

Agradecimientos

A Federica Mahieu, responsable del primer manuscrito con el que Marta Moll y yo mismo hemos trabajado casi dos años. A Juan Rodríguez por sus inapreciables consejos. Y al Ven Maestro Gueshe Tamding Gyatso, hábil en enseñar a sus discípulos a descubrir la naturaleza gozosa de sus mentes.

Isidro Gordi
Son Gall
Agosto de 2011

RAYOS DE SOL

Comentario al texto de Adiestramiento
Mental compuesto por
Jorte Namka Pelsen,
según enseñanzas orales de
Lama Je Tsong Khapa (1357-1419)

Atisha

Introducción

Los estados mentales negativos son la causa principal de todo dolor. El sufrimiento mental es probablemente peor que el físico pues cuando sufrimos mentalmente es difícil encontrar un remedio que apacigüe nuestro tormento, mientras que en lo que respecta al sufrimiento físico, en muchas ocasiones, puede cesar gracias a una simple medicina. El antídoto al sufrimiento mental se halla en la mente misma, en la práctica del Adiestramiento de la Mente. Las enseñanzas del Adiestramiento de la Mente –*Lo Yong*– se basan en el entrenamiento interno para obtener la preciosa bodhichita. Están ideadas para eliminar de nuestro continuo mental el aferramiento a la existencia intrínseca, el egoísmo y las demás aflicciones que surgen de estas dos actitudes.

Un practicante experto y hábil podrá llegar a transformar en el sendero espiritual las circunstancias desfavorables con las que se encuentra. *Rayos de Sol* sigue los siete puntos que se encuentran en el texto raíz del *Adiestramiento de la Mente en Siete Puntos* de Gueshe Chekawa, al cual nos referiremos a lo largo del comentario. Comienza con estas palabras:

Homenaje a la Gran Compasión.

Puesto que la compasión es la madre que da a luz a todos los Budas y Bodhisatvas, aquellos que deseen alcanzar estos estados superiores han de tomarla como su práctica más primordial.

El Linaje

Cualidades del texto del Adiestramiento de la Mente a través de su historia

El *Adiestramiento de la Mente en Siete Puntos* señala:

> *La esencia de esta instrucción que es similar al néctar*
> *fue transmitida por Serlingpa.*

Dipamkara Atisha, considerado uno de los mayores eruditos de su tiempo en la India, recibió enseñanzas sobre Adiestramiento de la Mente de tres diferentes Maestros: Dharmarakshita, Jampi Naljor y Serlingpa. Dharmarakshita fue el autor de *La Rueda de las Armas Afiladas*[1]. Se cuenta de este yogui que podía entregar a los demás, partes de su propio cuerpo sin que llegara a sentir dolor alguno por ello. Jampi Naljor, del que se sabe que era capaz de absorber completamente sobre sí mismo el sufrimiento de los demás, le dio las enseñanzas denominadas la *Canción de Cherkum Dordge*. Pero, para poder recibir instrucciones completas del último de sus Maestros, Serlingpa, Atisha marchó a Serling (en la presente Indonesia) donde permaneció doce años junto a él hasta que generó la preciosa bodhichita. Atisha consideró siempre a Serlingpa como su Maestro más querido.

Antes de que Atisha viajara al Tíbet, Tara, manifestación femenina de la energía Iluminada, le había predicho que se encontraría con un gran discípulo, Dromtompa, una emanación de Chenrezig, personificación de la mente compasiva de todos los Budas. Atisha solía dar enseñanzas abiertas y generalizadas a todos sus discípulos sobre la relación de-

---

[1] Este libro ha sido publicado por Ediciones Amara con el título *Más Allá del Egoísmo*.

pendiente o la visión madhyamika pero, a Dromtompa lo instruía en secreto en el *Lo Yong*.

Atisha fue el fundador de la tradición kadampa, Dromtompa, su formulador principal y los tres hermanos kadampas los que enarbolaron la bandera de esta tradición. Dromtompa se rodeaba de elevados discípulos pero, al igual que su Maestro Atisha, solo dio estas enseñanzas a los tres que estuvieron más cercanos a él: Gueshe Potowa, Gueshe Chengawa y Gueshe Puchungwa. Al resto de sus estudiantes los instruía básicamente siguiendo los seis textos kadampas[2] y los textos del madhyamika.

Puchungwa fue un gran meditador, a lo largo de su vida siempre meditó conforme a estas enseñanzas, pero en muy raras ocasiones llegó a mostrarlas en público.

Gueshe Potowa, el primero de los discípulos de Dromtompa tuvo más de tres mil discípulos y solía dar sus enseñanzas basándose en el dictamen de su propia experiencia. Un día alguien le preguntó la diferencia que había entre sus enseñanzas y las que impartía Gueshe Chokyi Chenye, otro gran erudito que al igual que él solía impartir enseñanzas aunque no resultaban ser tan beneficiosas como las suyas al parecer de los que las escuchaban. Gueshe Potowa respondió: "Las enseñanzas de este Venerable Gueshe son vastas y profundas, pero si yo atraigo a más gente que él, es debido a que las relaciono con mi propia experiencia, mientras que él las imparte como una fuente de conocimiento más". Un día Gueshe Chokyi fue a una sesión de enseñanzas de Gueshe Potowa, y después de oírlas exclamó: "No he oído nada nuevo de todo lo que ya sabía, pero sí he comprendido algo distinto y esto en realidad me ha beneficiado mucho, por esto me haré discípulo suyo".

Los discípulos más próximos a Gueshe Potowa fueron Langri Tangpa y Gueshe Sharawa, considerados como el

---

[2] Para saber cuáles son estos seis el lector puede leer el comentario al *Rosario de Joyas*, tal y como se encuentra en el libro *Joyas del Budismo*, publicado por Ediciones Amara.

discípulo sol y el discípulo luna. Gueshe Potowa explicaba el *Lam Rim* al público en general y a estos dos discípulos les adiestraba en privado en el *Lo Yong*.

Langri Tangpa compuso el *Adiestramiento de la mente en ocho versos* y transmitió sus instrucciones a tres de los que consideró sus discípulos más carismáticos: Chang, Nyen y Chabu Kangpa, que compuso el texto *Chabu Kangpa*.

Gueshe Chekawa, autor del *Adiestramiento de la Mente en Siete Puntos*, oyó un día enseñanzas de Gueshe Chagshimpa en las cuales explicaba el famoso texto de Langri Tangpa y en la que uno de los versos rezaba así: "Pueda aceptar yo la derrota y ofrecer la victoria a los demás". Gueshe Chekawa, impresionado al oír este verso, sintió grandes deseos de conocer al Maestro de quien había surgido. Después de realizar una infructuosa búsqueda por los diferentes lugares por los que fue indagando, al final supo que este Maestro había fallecido. No dejándose desalentar por este hecho se determinó a encontrar al detentor del linaje del que procedían estas instrucciones, encontrando finalmente a Gueshe Sharawa.

Después de un largo viaje llegó a la aldea donde vivía Gueshe Sharawa al que encontró casualmente impartiendo sus enseñanzas. Gueshe Chekawa no oyó ni siquiera mencionar aquel verso que le interesaba, pero una vez terminadas las enseñanzas, salió al encuentro de Gueshe Sharawa y le pidió que le instruyera. Gueshe Sharawa respondió "¿No ha quedado todo claro en las enseñanzas que acabo de dar? Chekawa le preguntó: "¿Qué importancia tiene la práctica de aceptar uno mismo la derrota y entregar la victoria a los demás? Gueshe Sharawa le respondió: "Si deseas la Iluminación es imprescindible".

Gueshe Chekawa le pidió las fuentes auténticas de las escrituras que corroboraban la validez del verso y Gueshe Sharawa se remitió a Nagaryuna en su *Guirnalda Preciosa*: "Puedan las acciones negativas de los demás madurar en mí y puedan mis virtudes madurar en los demás". Cuando Gueshe Chekawa le preguntó por qué no daba estas enseñanzas en público, Gueshe Sharawa respondió: "¿Por qué debo hacerlo? Estas enseñanzas están ideadas para ponerse en práctica, no para hablar de ellas y ya que en la audiencia no he visto a nadie con la suficiente capacidad para adiestrarse en esta instrucción tan sublime, ¿de qué sirve hablar de ello?".

Convencido plenamente de la respuesta que Gueshe Sharawa le había dado, Gueshe Chekawa lleno de devoción le pidió posteriormente consejo para luchar contra los engaños mentales y transformar así las circunstancias adversas. Gueshe Sharawa, tras sopesar los esfuerzos empleados y el sincero interés que mostraba accedió a ello, pero bajo la condición de que siempre pusiera en práctica los consejos que le iba a dar. Gueshe Chekawa hizo tres postraciones ante su Maestro y regresó al lugar donde se hospedaba. Allí mismo encontró el libro de Nagaryuna en el que pudo leer el verso antes mencionado y esto hizo que aumentara su fe y determinación para practicar las enseñanzas.

Gueshe Chekawa era una persona muy rica y cambiando sus propiedades por oro para ofrecerlo a su nuevo Guru, en señal de ofrecimiento, como un pordiosero siguió siempre a Gueshe Sharawa. Pasó unos catorce años en su compañía, experimentó la preciosa bodhichita y tras reflexionar sobre su pasado se sintió complacido y satisfecho de que todos sus esfuerzos hubieran sido tan significativos. De los novecientos discípulos que llegó a tener Gueshe Chekawa sobresalieron: Tchansen Tchankyi, Tendin Sopa, Tamje Kyenpo, Gyanpang Tangpa, Kampa Hadingpa Djempo y, en especial, Chilbuwa (1121-1189). Éste pasó las instrucciones a Lhachenpo Lungy Wagchuk (1156-1232) llegando después a Jongpa Kopen Gyamsen que las pasó al príncipe Shakya, Sonam Gyeltsen (1312-1375), que llegaría a ser uno de los discípulos principales de Je Tsong Khapa.

Jorte Namka Pelsen, autor del presente comentario, recibió estas enseñanzas directamente de Lama Je Tsongkhapa y de tres otros Lamas: Sonam Gyeltsen del linaje Sakya, Mulchu Togme Zangpo, y de su discípulo, Kyabso Pelsang

Lotsawa. Este último fue quién pidió a Lama Tsong Khapa que compusiera el *Lam Rim Chenmo.*

El texto de Jorte es considerado el rey de todos los textos de Adiestramiento de la Mente, ya que algunos de ellos son muy breves y otros no son demasiado claros. Su característica más especial es que sigue la manera de explicar que solía seguir Lama Tsong Khapa: siguiendo el esquema del *Lam Rim* combinado con la *Guía a la Forma de Vida del Bodhisatva* de Shantideva, origen de todos los textos de Adiestramiento de la Mente.

Lama Tsong Khapa decía que si un Maestro basa sus explicaciones de Adiestramiento de la Mente en el texto raíz de Gueshe Chekawa, las personas sabias siempre respetarán y alabarán esas enseñanzas allí donde éstas se impartan.

Cualidades del Adiestramiento Mental

Presentación de las instrucciones que deberán ser respetadas y llevadas a su práctica

El texto raíz de *El Adiestramiento de la Mente en Siete Puntos* señala:

> *Son como un diamante,*
> *como el sol y como un árbol medicinal.*

Se dice que vivimos en la época de las Cinco Degeneraciones y la práctica del *Lo Yong* es única para pacificar todos los obstáculos que nos surjan, tanto externos como internos. Estas enseñanzas son como un *diamante*, porque con él podemos colmar todos nuestros deseos. Y en el caso de que se rompa, cada trozo de diamante seguirá siendo valioso. De igual manera, practicando estas instrucciones completas podremos generar la bodhichita y llegar así a la Iluminación. Pero si sólo practicamos una parte de ellas, podríamos superar a Oyentes y Realizadores Solitarios, al igual que un trocito de diamante puede ser de más valor que el oro o la plata misma.

Del mismo modo que los primeros rayos del *sol* disipan la oscuridad, si practicamos todas las instrucciones contenidas en este texto, eliminaremos la oscuridad generada por el aferramiento a la existencia intrínseca y el egoísmo. En el caso de no poder practicarlas en su totalidad, al menos, disminuiremos su fuerza, de la misma forma que los rayos del sol siempre pueden iluminar cualquier cosa aunque brillen con poca intensidad.

El *árbol medicinal* tiene poder para curar todo tipo de enfermedades y de la misma manera el Adiestramiento de la Mente puede curar cualquier tipo de emoción aflictiva y llevarnos a la Iluminación. Si solo practicamos una parte de las enseñanzas podríamos reducir considerablemente la fuerza de nuestros engaños mentales.

El significado de este texto debería conocerse.

Si ponemos en práctica las enseñanzas del Adiestramiento de la Mente conoceremos por experiencia propia que estas instrucciones son como un diamante, como el sol y como un árbol medicinal.

Las cinco impurezas podrán ser transformadas en el sendero
que conduce hacia la Iluminación.

Los Budas aparecen en el mundo con el propósito de ayudarnos a eliminar las emociones aflictivas. En esta época aparecerán sobre la tierra mil Budas. Ellos tienen la responsabilidad de impartir sus enseñanzas y los seres conscientes de practicarlas. Cuando oímos decir que los Budas ayudan a los demás no deberíamos entender que ellos, por sí solos, eliminan nuestro sufrimiento y nos dan la liberación sin necesidad de poner empeño de nuestra parte.

Se cuenta que en la época del primer Buda, Kracuchanda, los seres humanos vivían una media de ochenta mil años debido a que tenían acumulado gran cantidad de mérito y cometían muy pocas acciones negativas. Posteriormente los seres empezaron a cometer más acciones negativas y, en consecuencia, su espacio de vida fue decreciendo hasta llegar a los cuarenta mil años, época en la que apareció el segundo Buda, Kanakamuni. El espacio de vida siguió disminuyendo hasta los veinte mil años, momento en el que apareció el tercer Buda, Kashyapa. La época en la que nos ha tocado vivir es la del cuarto Buda, Sakyamuni, y se denomina la época de las Cinco Degeneraciones. Las épocas de los dos primeros Budas eran afortunadas. Las Cinco Degeneraciones que caracterizan nuestra época son:

La degeneración de los seres conscientes. Si comparamos a los seres actuales con los de otras épocas, ahora son más agresivos. Cada vez nos cuesta más dominar las emociones negativas.

La degeneración del espacio de vida. Debido a engaños como el odio, la envidia, la avaricia y el acto de matar animales, nuestro espacio de vida ha ido degenerando paulatinamente, desde los ochenta mil años a los apenas ochenta años de vida actuales.

La degeneración de la visión correcta. Tenemos fuertemente arraigado en nuestro continuo mental todo tipo de visiones erróneas acerca de nosotros mismos y de la realidad que nos envuelve. En especial hemos desarrollado el aferramiento a la existencia intrínseca del yo y las cosas.

La degeneración del tiempo. Esta época en la que vivimos es de las peores, ya que casi todo lo que pensamos es consecuencia de algún engaño mental. Nuestro egoísmo causa que surjan el odio, la envidia, la avaricia, etc., estas actitudes crean enfermedades en las personas y conflictos en el medio ambiente —guerras, epidemias, etc.

La degeneración de los engaños más burdos. Debido a la ignorancia y al egoísmo surgen una gran multitud de engaños. Tenemos tantos que normalmente pensamos y vivimos como si uno mismo fuese lo más importante y todo girara a nuestro alrededor. Nos alegramos si algo malo le ocurre a otro ser; pasamos los días atormentados por la envidia, el odio, el resentimiento, las dudas, etc. Con estas actitudes ¿cómo podemos pretender que nuestras acciones sean positivas? Cuando el mundo está lleno de seres que fomentan estas mentes negativas, las deidades que protegen la práctica de Dharma se alejan y aumenta el poder de las fuerzas destructivas. De manera especial los que intentan practicar Dharma encuentran dificultades para hacerlo.

Si adoptamos estas enseñanzas podremos transformar todas las circunstancias adversas de la vida cotidiana en el sendero. Una persona espiritual es aquella capaz de transformar la desgracia que le sobreviene en una especie de talismán que sólo le devuelve felicidad y le evita caer en el precipicio de la desgracia conduciéndole al valle de la alegría. Si nuestra mente está feliz, también lo estará nuestro cuerpo. El cuerpo del que practica con éxito estas instrucciones carece de conflictos y es una fuente de salud y felicidad. Aunque se encuentre con circunstancias adversas, su mente es inamovible ante ellas y siempre mora en un estado de paz y bienestar.

Quien se adiestra en esta época degenerada llega a acumular mérito de manera más rápida que si estuviera en una Tierra Pura. En épocas de los primeros Budas los seres no se encontraban con tantas circunstancias adversas y, por tanto, su acumulación de mérito se producía de manera más lenta que la nuestra. Si hacemos uso de estas instrucciones, haremos que en lo que a nosotros concierne se transforme en una época afortunada.

El auténtico héroe es aquél que pone en práctica las valiosas enseñanzas de *Lo Yong*. En la vida cotidiana estará siempre alegre y feliz porque si se encuentra con alguna circunstancia adversa sabrá cómo convertirla en favorable. Será como el hombre que llega a una isla en la que sólo hay joyas y no encuentra ni una piedra para tirar a un perro violento. Del mismo modo, el que se ejercita en el *Lo Yong* no encuentra ni una circunstancia adversa en ningún momento de su vida ya que todas las transforma en propicias para llegar a la Iluminación.

Las prácticas de *Lo Yong* son muy profundas y para muchos de nosotros podrían estar más allá de nuestra capacidad. Por ello es aconsejable practicar según nuestras posibilidades y aprender a transformar los obstáculos que nos vayamos encontrando en el camino espiritual. Existe una gran diferencia entre quien lo practica y quien no lo hace. Uno puede soportar fácilmente todo tipo de dificultades, mientras que el otro solo sabe reaccionar ante ellas permitiendo que surjan emociones aflictivas.

Prácticas Preliminares

Prácticas preliminares

Gueshe Chekawa explica el primer punto así:

Primero aprende los preliminares.

Las prácticas preliminares son:

Perfecto renacimiento humano.
Reflexionar en la muerte y la impermanencia.
Observar la ley de causa y efecto.
Reflexionar en las desventajas de la existencia cíclica.

En el *Lam Rim* hay tres niveles de capacidad, los dos primeros son preparativos para el tercero: el sendero mahayana. Las cuatro meditaciones mencionadas son la esencia de las prácticas de los dos primeros niveles de capacidad. Su adiestramiento se divide en dos: meditación y práctica subsiguiente. La meditación consta de tres secciones: preliminares, meditación en sí y dedicación de méritos. Según el sistema de Serlingpa los preliminares son seis:

1. Limpiar la sala de meditación.
2. Colocar ofrecimientos de la manera más bella y sin ningún tipo de avaricia.
3. Después de sentarse cómodamente en la posición de Vairochana caracterizada por los Siete Puntos, recitar las oraciones de refugio, bodhichita y los Cuatro Inconmensurables.
4. Visualizar el Campo de Mérito.
5. Ofrecer la oración de las Siete Ramas y el Mandala.
6. Hacer oraciones de súplica con los tres objetivos.

Si nos encontramos con poco tiempo para hacer estos preliminares extensos, nos podemos sentar en la postura de Vairochana, establecemos una motivación virtuosa, visualizamos frente a nosotros una Asamblea de Budas, y Bodhisatvas, etc., e imaginamos ofrecimientos variados: agua, incienso, luz, perfume, etc. A continuación ofrecemos el Mandala —imaginamos que ofrecemos a los Budas todas nuestras virtudes de los tres tiempos así como nuestras posesiones y engaños en el aspecto de sol, luna y demás. Los ofrecimientos nos permiten acumular mérito.

Una vez terminados los preliminares empezamos la meditación motivándonos así:

> *Desde tiempo sin principio mi mente está controlada*
> *por los engaños, responsables de todos los renacimientos y*
> *experiencias con los que me encuentro: nacer, envejecer,*
> *enfermar, morir una y otra vez.*
> *Cuando la consciencia visual entra en contacto con una*
> *forma atractiva genero apego; si, por el contrario,*
> *se encuentra con un objeto desagradable, un enemigo,*
> *surge aversión.*
> *Todo engaño crea acciones y éstas producen las distintas*
> *experiencias, agradables, desagradables o neutras.*
> *He de empezar a dominar mi mente y la mejor manera*
> *de hacerlo es meditando en las enseñanzas.*

Es preciso hacer meditación analítica hasta generar una perfecta concentración. Meditación analítica significa analizar minuciosamente cada punto de los que consta la meditación en cuestión.

La dedicación de los méritos es un acto muy importante ya que dirige la virtud acumulada en nuestra práctica hacia el objeto que deseamos. Si montamos un caballo y dominamos el manejo de la brida, lo podremos dirigir a donde deseemos. La dedicación es como la brida. Los Gueshes Kadampa decían que, en la práctica hay dos cosas importantes: al principio una buena motivación y al final una buena dedicación.

Pasamos la mayor parte del tiempo en el período denominado "práctica subsiguiente", es decir, nuestra vida cotidiana una vez hemos terminado la sesión de meditación. Durante este tiempo deberíamos intentar leer textos de *Lam Rim* o *Lo Yong* ya que mejoran nuestra práctica.

Es importante cerrar las puertas de los sentidos porque a través de ellos percibimos los diferentes objetos que provocan en nosotros emociones aflictivas. Siempre que hagamos algo debemos analizar si la acción es positiva o negativa. Si es negativa hemos de esforzarnos en detenerla. También hemos de cuidar nuestra dieta. Si comemos demasiado, el cuerpo se vuelve pesado y nos induce al adormecimiento. Si comemos poco vienen otros problemas.

Podemos dividir la noche en tres períodos. En el primero hacemos alguna práctica espiritual, en el segundo dormimos y en el tercero nos despertamos para seguir con la actividad espiritual. Nos hemos de dormir en la misma posición que murió Buda Sakyamuni, generar fe en las Tres Joyas y contemplar objetos de meditación virtuosos. Actuar así transforma el dormir en algo positivo y hace que las fuerzas negativas no nos perjudiquen a lo largo de la noche.

Dromtompa

El Perfecto Renacimiento Humano

En esta primera meditación destacan tres puntos importantes:

1) Identificar el perfecto renacimiento humano.
2) El gran valor del perfecto renacimiento humano.
3) La dificultad de obtener un perfecto renacimiento humano.

Identificar el perfecto renacimiento humano

Si un pordiosero tiene un diamante pero no reconoce su valor será igual que si tuviera una simple piedra. Tenemos un cuerpo con ocho libertades, es decir, libertad para practicar Dharma. También poseemos diez condiciones favorables. Estamos libres de ocho situaciones de cautiverio, cuatro de ellas de esclavitud en la existencia no humana, que son:

Haber renacido como un ser infernal.
Haber renacido como un espíritu hambriento.
Haber renacido como un animal.
Haber renacido como un dios de larga vida.

Si renacemos como un ser infernal sufrimos tanto que ni siquiera es posible escuchar la palabra Dharma. Lo mismo nos sucedería si fuéramos un espíritu hambriento debido al gran hambre y la sed que pasaríamos. Como animales padeceríamos el sufrimiento de la estupidez y muchos otros que nos impedirían escuchar o entender el Dharma. Cuando, un dios de larga vida nace, es consciente de que ha nacido pero el resto de su espacio de vida lo pasa absorto en una meditación placentera. Cuando muere vuelve a ser consciente pero ya es tarde para practicar Dharma. Viendo que estamos libres de estas circunstancias deberíamos generar un sentimiento de felicidad y concentrarnos plenamente en él.

También estamos libres de cuatro situaciones desfavorables:

Haber renacido en una zona remota.
Haber renacido en un lugar civilizado en el que no hay Dharma.
Haber renacido con enraizadas visiones erróneas.
Haber renacido con deficiencias mentales o físicas.

Si renacemos en una zona remota en donde no se conoce el Dharma, no tenemos ejemplos que nos inspiren para practicar. Si lo hacemos en un país civilizado pero tampoco existe el Dharma, nos sucederá lo mismo. Si a pesar de ser inteligentes estamos convencidos de que las Tres Joyas no existen, o de que la ley de causa y efecto no es real, es un gran obstáculo. Aunque seamos humanos, estas situaciones no son las que caracterizan un perfecto renacimiento humano. Contemplando las ocho situaciones de esclavitud y viendo que estamos libres de ellas hemos de generar alegría.

Nos vemos favorecidos también con cinco dones personales y cinco ambientales. Los personales son:

Renacer como un ser humano.
Renacer en una Tierra Central: un lugar donde haya practicantes.
Tener las facultades sensoriales en buen estado.
Estar libres de haber cometido los cinco crímenes.
Tener fe en las Tres Cestas.

Los dones ambientales son:

Renacer en la época del Buda.
Haber encontrado el Dharma.
Renacer en una época en la que el Dharma florece.
Renacer en una época en la que hay Maestros y

practicantes compasivos.

Renacer en una época en la que hay personas compasivas que nos ayudan a practicar el Dharma.

Nuestro cuerpo no es diferente del de seres realizados como Milarepa y otros; lo único que nos diferencia es la gran energía que ellos desplegaron en la práctica espiritual y la poca que nosotros empleamos.

El gran valor del perfecto renacimiento humano

Desde el punto de vista temporal, nuestra situación humana tiene un gran significado ya que podemos crear las causas para volver a obtener el estado de humano en la próxima vida. Hemos de observar bien nuestras acciones y procurar que no nos dirijan a los reinos inferiores. Para renacer en reinos superiores hemos de practicar disciplina ética, y ahora es cuando lo podemos hacer. Siendo generosos en esta vida nos volvemos ricos en el futuro; practicando paciencia obtenemos un cuerpo hermoso. El perfecto renacimiento humano es como una frontera entre los reinos superiores y los inferiores. Para conseguirlo hemos de observar un comportamiento ético, las Seis Perfecciones y rezar a las Tres Joyas.

Desde el punto de vista último este cuerpo es la base idónea para obtener cualquiera de los tres tipos de liberación: la del Oyente, la del Realizador Solitario y la del Bodhisatva. Otra característica única de este cuerpo es que nos capacita para obtener la Iluminación en una sola vida practicando el Tantra. Ashvagosha decía:

Una vez obtenido una vida humana con el potencial de ir
más allá de la existencia cíclica y de conseguir la bodhichita,
más preciosa que una gema que concede los deseos,
¿qué sabio no procuraría sacarle un provecho?

La dificultad de obtener un perfecto renacimiento humano

Para ilustrar este punto hay una analogía que explicó Nagaryuna. Imagina un océano profundo en cuya superficie flota una anilla dorada, en su fondo nada una tortuga ciega que sube a la superficie una vez cada cien años. Nadie puede decir que sea imposible que, cuando salga, introduzca su cabeza por la anilla. Es más fácil que la tortuga inserte su cabeza dentro de la anilla que viajar desde un reino inferior a un renacimiento humano. Desperdiciar este cuerpo tan precioso y difícil de obtener sería de locos, como tener un recipiente de oro con incrustaciones de piedras preciosas y utilizarlo para poner en él la basura.

Si no utilizamos bien nuestro perfecto renacimiento nadie puede asegurarnos que en las vidas futuras lo volvamos a obtener. En las *Enseñanzas mediante Ejemplos*, Gueshe Potowa relata la siguiente analogía: "En una ocasión un hombre con una sola pierna que estaba subido a un árbol, resbaló y fue a caer encima de un caballo salvaje que, asustado, empezó a cabalgar con él. El hombre empezó a cantar "Yo, con solo una pierna estoy montando este poderoso animal, si ahora no canto, ¿cuándo lo haré?"

Los seres que renacen en los reinos inferiores son muchísimos en número mientras que los que renacen en los reinos superiores son menos; de entre estos privilegiados, los que poseen las ocho libertades y los diez dones son aún más escasos. Buda Sakyamuni decía que los seres que renacen en reinos inferiores son, en número, tantos como las partículas de polvo que vagan en este universo, mientras que los seres que renacen en los reinos superiores son como las partículas que pueden recogerse en la uña del dedo meñique. De entre los seres que tienen el perfecto renacimiento humano, los que llegan a practicar Dharma son aún menos, tan pocos como las estrellas que podemos contar en el cielo durante el día. No hemos de desperdiciar esta sublime oportunidad, tan difícil de obtener.

Reflexionar en la brevedad de esta vida: la muerte y la impermanencia

Si no somos plenamente conscientes de la muerte, si seguimos actuando como si fuésemos a vivir miles de años, cuando en realidad nuestro espacio de vida es muy corto, nuestra mente estará siempre absorbida por actividades mundanas. Cuando la muerte llega nos coge por sorpresa al no haber hecho preparativos para el largo viaje hacia nuestras vidas futuras. Gueshe Potowa decía:

> *Al principio, pensar en la muerte te conduce al sendero del Dharma, en el medio te anima a practicar, y al final es como un buen amigo que te ayuda a tener éxito en tu práctica.*

Meditar en la muerte es la raíz de todas las excelencias. Siempre que veamos un cadáver o sepamos de alguien que ha fallecido tenemos que pensar: "Dentro de poco yo mismo seré también un cadáver". La primera y última enseñanza que dio el Buda fue acerca de la impermanencia. No hemos de temer a la muerte sólo porque abandonaremos a nuestros hijos y familiares, —incluso los animales sienten ese temor—, sino porque si hoy nos morirnos ¿dónde estaremos mañana? Lo que hemos de temer es no haber extraído la esencia de este perfecto renacimiento humano. El buen practicante no tiene miedo a la muerte ya que su práctica actúa como protección, el practicante medio no se arrepiente cuando la muerte llega ya que se ha adiestrado según lo mejor que le ha permitido su capacidad, pero el que no se ha entrenado siente temor y arrepentimiento de no haberlo hecho.

Meditar en la vacuidad entraña bastante dificultad pero meditar en la muerte y la impermanencia es relativamente fácil ya que incluso podemos percibir esta realidad directamente con nuestros propios ojos, ¿Quién no ha visitado un cementerio, o ha asistido a un funeral? ¿Quién no ha estado al lado de un familiar en el momento en que éste se encontraba en su lecho de muerte? La meditación sobre la muerte y la impermanencia tiene tres partes:

La muerte es inevitable.
El momento de la muerte es incierto.
En el momento de la muerte sólo el Dharma nos puede ayudar.

La muerte es inevitable

Todo lo que nace debe morir. Buda Sakyamuni, que nació hace dos mil quinientos años, también murió. Podemos ir a Bodh Gaya, donde se iluminó, a Lumbini, el lugar de su nacimiento y a Kushinagar, donde pasó el Paranirvana, pero todo esto es parte de la historia. Muchos seres realizados han dejado su cuerpo y hoy solo quedan sus reliquias. Si estos seres liberados han tenido que abandonar sus propios cuerpos ¿qué nos puede ocurrir a nosotros seres ordinarios que aún estamos dominados por la ignorancia? Los reyes, príncipes y gobernantes también fallecen y deben dejar atrás sus propios cuerpos por honorables que éstos hayan sido en el pasado.

La muerte llega, no importa quién seamos ni dónde estemos. No existe una tierra donde no se muera. No importa que podamos escondemos en la montaña más elevada, en el más profundo de los océanos. Allí donde estemos la muerte nos alcanzará. Nacer en una u otra época no va a impedimos la muerte. Nuestros antepasados han desaparecido y hemos heredado sus propiedades, pero a ellos ni los llegamos a conocer. Nosotros también tendremos que dejar nuestros bienes y partir con las manos vacías.

Puesto que el Dharma es lo único que podemos llevamos a una vida futura, hemos de determinamos a practicar sin dilación. Hemos de temer a la muerte a partir de ahora, y si no lo hacemos, cuando ésta llegue ya será demasiado tarde. En el *Sutra de Consejos al Rey* el Noble Buda dijo:

Imagina cuatro poderosas montañas cuyas cimas llegan hasta el cielo y que ocupan todo este mundo. Si dichas montañas se juntaran, en su movimiento destruirían todo lo que se encontrara a su paso. Ni oraciones, ni mantras o medicinas impedirían su actividad destructora. De manera similar, ¡Oh gran rey!, hay cuatro grandes temores que acechan al ser humano: la vejez, la enfermedad, la degeneración y la muerte. La vejez viene con la destrucción de la juventud; la enfermedad con la destrucción de la salud, el declive viene con la destrucción de tu fortuna y la muerte con la destrucción de la vida.

Estas cuatro situaciones nos acompañan desde el momento de nuestro nacimiento, cada día más cerca. Nadie escapa a ellas. Ni todo el dinero del mundo puede compramos la inmortalidad ni las más sofisticadas medicinas pueden curamos de estos cuatro temores. Nuestra vida acaba en el cementerio.

La muerte es inevitable porque la vida se va agotando constantemente. Nuestro espacio de vida se consume con el paso incesante de los segundos, los minutos y las horas. Cuando celebramos nuestros cumpleaños, en realidad estamos celebrando que nos queda un año menos de vida. En su *Guía* Shantideva decía:

Nuestro espacio de vida se va agotando sin cesar y nunca aumenta ¿por qué he de pensar que la muerte no va a sobrevenirme?

Para ver que el espacio de vida se consume instante tras instante, el *Uttanavargha* cita unos ejemplos:

1) Nuestra vida es como un ovillo de lana en un telar. Usamos ovillos de lana que vamos tejiendo hasta terminar la alfombra. Así como la lana se termina, también lo hace nuestra vida.

2) Nuestra vida es como un cordero que se acerca al matadero. A cada paso que da el animal está más cerca de su muerte.

3) Nuestra vida es como una catarata. Cuando las gotas de agua bajan del precipicio y llegan al río es inútil pretender que vuelvan a subir. De igual modo, nuestra vida gastada ya ha terminado.

La muerte llegará aunque no tengamos tiempo de practicar Dharma. Si somos sinceros y analizamos cómo vivimos veremos que esto es cierto. En *La Entrada de Nandra en el seno materno* se dice:

La mitad de nuestra vida se pasa durmiendo. Hasta los diez años somos niños; a partir de los veinte envejecemos. Y hay cientos de obstrucciones, miserias, lamentaciones, dolor, depresión, incluso discusiones y distintas dolencias físicas que limitan nuestra oportunidad de practicar.

Gueshe Chekawa señala:

Supón que el espacio de vida de un hombre es de sesenta años; si sacas el tiempo pasado para ganarse la vida, durmiendo y enfermo, al final, como máximo, puedes dedicar cinco años al Dharma.

Los *Cuentos de Jataka* mencionan:

El mundo está lleno de emociones aflictivas, un lugar desagradable y poco de fiar. La gloria de este nenúfar pronto se convertirá en un recuerdo, este es el destino de todos los seres. Es sorprendente que la gente no sienta miedo a pesar de que todos los caminos están bloqueados por el Señor de la Muerte. Todos se pierden en placeres vanos. Los enemigos de la enfermedad, vejez y la muerte son poderosos e inevitables.

A pesar de que la muerte puede interrumpir todas nuestras actividades, nunca pensamos en ella y seguimos obsesionados buscando placeres mundanos. La muerte es como una flecha que nos han lanzado. Hemos de practicar antes de que nos alcance, después ya sería demasiado tarde. Puesto que la muerte no tiene compasión y nadie se escapará de ella debemos dedicar nuestro tiempo a la práctica de Dharma.

Los siguientes ejemplos son muy útiles en nuestra meditación para comprender la muerte.

La nube en otoño. En otoño se reúnen, de repente, muchas nubes que se dispersan con rapidez. Del mismo modo, a los seres conscientes nos llega la muerte muy deprisa ya que el espacio de vida disminuye.

Un relámpago en el cielo. Nuestra vida es breve como un relámpago en el cielo.

El actor cambia de papel. Los seres conscientes nacen y mueren repetidamente tomando diferentes formas y aspectos, como un actor que cambia de papel continuamente. En la *Carta al Rey Kanika*:

> *Tarde o temprano el guerrero invencible disparará*
> *sus insoportables flechas. Ante de que ocurra lo inevitable*
> *es de nuestro interés estar preparados.*

No hay ningún fenómeno que no pueda ser como un Maestro que te enseña la impermanencia. Atisha aconsejaba observar el curso de un río. Al final de esta meditación nos hemos de determinar a practicar Dharma.

El momento de la muerte es incierto

Vasubhandu en su *Abhidharmakosha* señala que el tiempo de vida del que gozaban los humanos hace miles de eones era incontable, pero, gradualmente, fue decreciendo y lo seguirá haciendo hasta que los seres humanos lleguen a vivir la corta edad de diez años. En términos generales pensamos que los ancianos morirán antes que los jóvenes pero, sin lugar a dudas, esto es erróneo. El *Uttanavargha* dice:

*De las muchas personas que vemos por la mañana Algunas
ya no las veremos al anochecer. Y de las muchas que vemos
por la tarde algunas ya no las veremos al día siguiente.*

Nadie sabe cuándo va a morir; personas sanas mueren antes que enfermos desahuciados; en ocasiones, los abuelos entierran a sus nietos, los padres asisten a los funerales de sus hijos e incluso se da el caso de algunos seres que fallecen antes de nacer.

Muchas causas son las que nos llevan a la muerte y pocas son las que nos alargan la vida. Un mero desequilibrio en el cuerpo basta para producimos la muerte. El *Ratnavali* señala que nuestra vida es como una vela que arde a la intemperie y es azotada por los fuertes vientos de las circunstancias desfavorables.

En la *Carta Amistosa* de Nagaryuna se recoge la idea de que la frontera entre esta vida y la otra está simplemente en nuestra respiración; si a una espiración no le sigue otra inspiración la muerte ya está presente. Nuestro cuerpo no es duradero ya que está constituido por los cuatro elementos: fuego, aire, agua y tierra. Si uno de ellos por la razón que fuera se constituye en más preponderante que otro, ya surge un desequilibrio, una enfermedad. Estos elementos entre sí están siempre en pie de guerra y mantenerlos en equilibrio no es una tarea fácil. El *Ratnavali* señala que las circunstancias desfavorables son muchas. Un simple resbalón, una mala digestión, un accidente de coche, incluso causas favorables como la comida y la medicina pueden causamos la muerte. La *Carta Amistosa* dice:

*Si la Tierra, el Monte Meru, los océanos y los seres serán
consumidos por el fuego de los siete soles de modo que ni tan
siquiera quedarán sus cenizas, ¿qué necesidad hay de recordar
la fragilidad humana?*

Ya que el instante de la muerte puede llegar en cualquier momento hemos de determinarnos a practicar Dharma de inmediato. Es poco inteligente pensar en empezar a practicar cuando terminemos el trabajo porque éste solo se termina al morir y esta misma noche podemos tener nuestro cuerpo en el cementerio.

En el momento de la muerte sólo el Dharma nos puede ayudar

Tenemos en gran estima a nuestro cuerpo y le dedicamos mucho cuidado y atención en vestirlo, alimentarlo, etc., pero cuando llega el momento de la muerte se transforma en un cadáver repulsivo al que nadie desea acercarse. Nuestro karma será el que dirija nuestra mente, y en ese momento irremisiblemente tendremos que dejar atrás nuestro cuerpo, nuestra familia, posesiones y amigos. A la hora de la muerte el rey abandona sus palacios llenos de joyas y el pobre su mísero bastón. Shri Jagatamitra le aconsejó a un poderoso rey:

> *Aunque poseas la riqueza de un dios, al morir estarás solo,*
> *privado de princesas y reinas, sin vestimentas ni amigos,*
> *sin reino ni castillo. Aunque poseas poder y fuerza nada verás*
> *ni oirás, nadie te podrá seguir. En resumen, ni siquiera*
> *tu nombre existirá entonces ¿qué más se puede decir?*

Cuando estamos postrados en el lecho de muerte experimentamos solos el sufrimiento y aunque los que nos rodeen lloren por nosotros no podrán acompañarnos. Al final de esta contemplación debemos determinarnos a practicar Dharma inmediatamente de la manera más pura.

Observar la Ley de Causa y Efecto

Al morir, la relación con nuestro cuerpo se termina pero nuestro continuo mental sigue y se dirige a la próxima vida. La vida futura puede ser en un reino superior o en uno de inferior. Nadie puede escoger, nos dirige el propio karma que hayamos creado. Es imprescindible pues conocer los beneficios que se deducen de las acciones positivas y las desventajas de las negativas para así practicar las primeras y abandonar las segundas.

Detrás de cualquier acción que llevamos a cabo está el aferramiento a la existencia intrínseca el cual forma un nido de engaños que oscurecen nuestra mente. Hasta que alcancemos la Liberación no podremos vemos libres de ellos y mientras éstos subsistan en nuestra mente seguiremos creando karma que perpetúe el samsara.

El karma se crea a través del cuerpo, la palabra y la mente. Las acciones negativas pueden resumirse en diez. La intención de matar a un animal es una acción mental. Si después de esta intención, matamos de hecho al animal, constituye una acción física. Si generamos odio hacia alguien, es una acción mental; si a consecuencia de ello abusamos de la persona o empleamos agresividad hacia ella esto es una acción física. El resultado de cometer acciones negativas de cuerpo, palabra y mente es renacer en migraciones inferiores.

Refrenarse de matar a cualquier ser es una acción mental virtuosa; si en una situación en la que, normalmente, surgiría odio, nos refrenamos y somos pacientes también es una acción positiva. Generar fe en las Tres Joyas, hacer ofrecimientos, meditar, etc., crea karma a través de las tres puertas (cuerpo, palabra y mente). Servir a la gente en la sociedad es una acción virtuosa, así como practicar generosidad, disciplina ética, etc., y de ello se desprenden resultados que reportan felicidad. La paciencia es la causa para renacer con una forma hermosa y agradable, la disciplina ética causa renacer en reinos superiores y la generosidad es causa de riqueza. Experimentar felicidad y vernos lejos del sufrimiento depende de nuestro karma. La ley de causa y efecto tiene cuatro divisiones:

Las acciones son definitivas.
Los resultados de las acciones aumentan.
Sin crear una acción no se experimenta su resultado.
Las acciones creadas no pierden su potencial.

Las acciones son definitivas

La causa principal de un estado de felicidad, grande o pequeño, es una acción positiva creada previamente; y la causa de un sufrimiento, ya sea grande o pequeño, es una acción negativa previa. En la *Guirnalda Preciosa* se menciona:

Todo sufrimiento es resultado de actos negativos.
También lo es un renacimiento malo.
El placer que se disfruta en nuestras vidas.
Y todos los renacimientos buenos son resultado de la virtud.

De una acción positiva no surge sufrimiento y de una negativa no se desprende felicidad. Si plantamos una semilla de un fruto dulce el resultado que obtendremos será un árbol que dé frutos dulces mientras que si plantamos semillas de chili el resultado será sólo una cosecha de chili.

Los resultados de las acciones aumentan

Cuando efectuemos una acción negativa, por diminuta que ésta sea, aumenta día a día. El *Uttanavargha* señala:

Cometer el menor acto negativo producirá
Gran temor y problemas en vidas futuras
Como un veneno que ha entrado en el cuerpo.

Si no se aplican los Cuatro Poderes Oponentes, una vez que se ha cometido una acción negativa, aunque ésta sea pequeña, experimentaremos sus resultados incrementados Cuando en el cuerpo entra un poco de veneno acaba envenenándonos a causa de la circulación de la sangre. Lo mismo ocurre con las acciones positivas, aunque éstas sean pequeñas, con el paso del tiempo aumentan y dan como resultado una gran felicidad. Este texto también señala:

Igual que la sombra de un pájaro siempre lo acompaña en el espacio, a los seres les acompañan los actos positivos y negativos.

Aunque al morir dejamos el cuerpo, nuestra mente se lleva todas las impresiones kármicas dejadas por las acciones a lo largo de la vida. Si alguien desea dar la vuelta al mundo con poco dinero en el bolsillo, al cabo de un cierto tiempo de haber emprendido el viaje le sobrevendrán problemas de diferente índole; de igual manera, si hemos acumulado pocas acciones positivas a lo largo de nuestra vida, en el futuro nos encontraremos con toda suerte de dificultades. Si, por el contrario, partimos de viaje con mucho dinero y tarjetas de crédito, nuestros obstáculos se verán notablemente disminuidos y apenas encontraremos problemas. De manera similar, quien ha creado muchas acciones positivas puede estar seguro y viajar con tranquilidad más allá de la muerte y aspirar a la felicidad de los reinos superiores. El *Uttanavargha* aconseja:

No cometas ni el menor acto negativo pensando que no te perjudicará, acumular gotas de agua gradualmente llenan un gran recipiente.

No cometas ni la menor de las acciones destructivas pero si lo hicieras, aplica inmediatamente los Cuatro Poderes Oponentes, pues de lo contrario este diminuto acto negativo se irá incrementando. Las personas ordinarias, que son como niños, no aplican los Poderes Oponentes y como consecuencia de ello siguen cometiendo actos negativos que producirán resultados aumentados. En cambio, cuando los seres superiores crean un acto negativo, de inmediato aplican los Poderes Oponentes para evitar que éste crezca. No deberíamos dejar de hacer un acto virtuoso porque pensemos que es demasiado pequeño, pues a pesar de su tamaño éste también crecerá y de su resultado nos sobrevendrá una felicidad inmensa. Si dedicamos el mérito de este pequeño acto, aplicando los Tres Círculos –comprender que uno mismo, el acto en sí y la dedicación carecen de existencia intrínseca– para que sea causa de nuestra total Iluminación, este acto irá aumentando.

Sin crear una acción no se experimenta su resultado

Si no hemos creado un karma específico, por mucho que nos esforcemos, no experimentaremos su resultado. Se cuenta que en la época del rey Ajatashtru había un hombre llamado Pagpa Nerte, que en vidas pasadas había acumulado gran cantidad de mérito. Este hombre tenía un elefante que al defecar producía piedras de oro. El rey Ajatashtru, al conocer este hecho, le confiscó inmediatamente el animal; sin embargo, el rey no llegó a conseguir ni una sola pepita de oro ya que carecía de suficiente mérito para ello.

Cualquier insatisfacción o felicidad que experimentemos tiene sus causas previas. Si dos personas, por ejemplo, tienen la intención de emprender un negocio, con el mismo dinero para invertir, y habiendo adquirido la misma educación, una de ellas puede prosperar y la otra arruinarse. Esto es debido a que una ha creado el karma adecuado para tener el éxito mientras que la otra no lo ha hecho.

Las acciones creadas no pierden su potencial

Todas las acciones que venimos creando, tanto positivas como negativas, madurarán en un futuro. Es imposible que ninguna de ellas desaparezca. Chakragosha, el autor de *La alabanza a los seres superiores,* fue un brahmán hindú que se convirtió al budismo al darse cuenta de que el Buda tenía unas cualidades de las que sus dioses carecían. En cierto momento de su vida comentó lo siguiente:

Los Brahmanes dicen que las virtudes y los actos negativos pueden ser transferidos, pero tú enseñas que las acciones no desparecen y que los actos no cometidos no tienen consecuencias.

Si pudiésemos transferir nuestro karma a los demás ¿por qué tendríamos que esforzarnos en acumular un mérito del que otros pueden apoderarse o que tú puedes coger de los demás? Buda Sakyamuni sostiene que uno mismo experimenta las acciones negativas o positivas que acumula. En *El rey de las Concentraciones* se dice:

Es imposible no padecer los resultados de tus actos, pero nunca sentirás los resultados de los cometidos por los demás.

En *Las Instrucciones sobre la Disciplina* se señala que algunas acciones cometidas en el pasado quedan latentes en la mente durante largos periodos de tiempo pero una vez éstas se encuentran con las circunstancias externas apropiadas, maduran inevitablemente. Si dejamos una semilla de trigo seca en una habitación no madurará, pero si al cabo de un tiempo la llevamos al huerto, la sembramos y la regamos, dará un fruto. Debemos poner energía en crear tantas acciones positivas como nuestra capacidad nos permita.

Reflexionar en las desventajas de la existencia cíclica

Uno de los sentidos del término "samsara" o existencia cíclica es renacer de manera continuada e involuntaria en cualquiera de los seis reinos de existencia por culpa de nuestras emociones aflictivas y acciones contaminadas. También se refiere a nuestros propios agregados ya que llevan incluido de manera implícita el sufrimiento. Empezaremos explicando seis sufrimientos generales: 1) incertidumbre 2) insatisfacción 3) abandonar el cuerpo una y otra vez 4) volver a renacer 5) cambiar de posición 6) soledad.

Incertidumbre

Podemos encontrarnos cerca de padres, hijos, esposa, esposo y amigos pero no podemos afirmar que esta situación continuará por mucho tiempo. Nuestros familiares actuales sólo lo son hasta nuestra muerte En cualquier vida futura nuestro familiar más querido del presente puede pasar a ser nuestro enemigo y nuestro enemigo actual transformarse en nuestro amigo. Samsara no es de fiar. En cada vida somos como un actor que interpreta un papel. La *Carta Amistosa* de Nagaryuna nos recuerda:

> *Tu padre se convierte en tu hijo, tu madre en tu esposa, y tus enemigos en amigos. Lo contrario también tiene lugar.*
> *Por tanto, en la existencia cíclica no hay ninguna certidumbre.*

Buda Sakyamuni en *El Sutra de las Preguntas de Subahu* señala que:

> *Los enemigos se convierten en amigos.*
> *Y los amigos en enemigos.*

Es absurdo que las personas sabias se apeguen demasiado a sus familiares y generen odio hacia los que ahora son enemigos pues todo está sometido al cambio.

Insatisfacción

Ningún placer que lleguemos a experimentar podrá colmarnos del todo, traerá consigo más insatisfacción. Ya hemos vivido innumerables vidas anteriormente aunque, a causa de nuestra limitada memoria, no las recordamos. En ellas hemos gozado de muchísimos disfrutes; hemos renacido rodeados de innumerables placeres para, a continuación, pasar al peor de los sufrimientos. De las gozosas moradas de las deidades hemos pasado a beber el cobre ardiente del más profundo de los infiernos. Nagaryuna en su *Carta Amistosa al Rey* nos recuerda que hemos renacido tantas veces en samsara que nos resultaría imposible contar las ocasiones en las que hemos sido humanos, animales y demás seres. La cantidad de leche materna que hemos tomado de nuestras madres compasivas es mayor que el volumen de agua que contienen los cuatro grandes océanos.

Otra cita señala que, por mucho que se experimente el orgasmo sexual, éste no nos colma plenamente y, aunque uno pretenda lo contrario, siempre queda un poso de insatisfacción. Un leproso pone su mano enferma al sol y se rasca para sentir alivio pero cuanto más insiste en ello peor.

El más poderoso de los reyes nunca estará contento del todo, pues siempre le asaltará el temor de perder el trono o de sufrir un atentado. También el rico estará sujeto a poder perderlo todo inesperadamente y no hallar nunca paz por ello. *El Sutra condensado de la Perfección de la Sabiduría* señala:

> *Obtener todo lo que deseas y consumirlo a diario pero,*
> *aún y así sentirse insatisfecho es la peor de las enfermedades.*

Abandonar el cuerpo una y otra vez

Cuando una vida termina debemos renacer de nuevo, lo cual significa volver a nacer, envejecer, enfermar y morir y atravesar una y otra vez por todos sus sufrimientos. Si pudiéramos amontonar todos los huesos de los cuerpos que hemos tenido, a lo largo de todas nuestras vidas éstos formarían la mayor de todas las montañas.

Volver a renacer

Cuando morirnos dejamos nuestro cuerpo pero la mente se va hacia las vidas futuras. Si pudiéramos hacer bolitas con toda la tierra que hay en todos los planetas del Universo éstas serían menos que el número de veces que hemos renacido en los reinos de existencia.

Cambiar de posición

Nagaryuna en su *Carta Amistosa* nos recuerda que, a lo largo de nuestras vidas hemos cambiado tantas veces de posición que, sin duda, en muchas ocasiones hemos pasado de ser el rey venerado por todos los dioses, Indra, al más insignificante ser del reino animal. También hemos sido seres celestiales que han experimentado grandes placeres junto a diosas de gran belleza y grandes senos, pero en algún momento nos vimos obligados a dejar esta situación para caer en estados de gran sufrimiento. Allí con dolor experimentamos cómo cortaban nuestro cuerpo en trozos o cómo nos vimos obligados a nadar por ríos de cobre ardiente. Hasta que no se agote el karma que trae como resultado estas experiencias, no nos veremos libres de ellas. En el *Sutra corto de la Perfección de la Sabiduría* Sakyamuni Buda dice que ascendemos y descendemos no sólo vida tras vida sino incluso en nuestra vida presente. Podemos perder lo que tenemos en cualquier instante pues todo lo que se une, con el paso del tiempo, se separa.

Los cambios a los que nos somete samsara son ineludibles.

Soledad

Tenemos buenos amigos pero cuando topamos con dificultades, estamos enfermos o envejecemos, nadie puede prestarnos su ayuda aunque quisiera. Lo experimentamos solos. Cuando nos enfrentamos a la muerte, nos dirigimos hacia la oscuridad con la única ayuda del mérito que hayamos acumulado a lo largo de nuestra vida. Éste será la verdadera antorcha que nos alumbre en esta oscuridad. En ese momento, nuestras malas obras añadirán más confusión a la ya existente en ese difícil trance.

Estos seis sufrimientos pueden condensarse en tres: 1) la existencia cíclica no es de fiar, 2) la naturaleza insatisfactoria de la felicidad samsárica, 3) Renacer desde tiempos sin principio.

La existencia cíclica no es de fiar

1) El cuerpo que obtengamos en cualquier reino de existencia se tendrá que abandonar. 2) Nuestros amigos y enemigos no son de fiar. 3) las posesiones o la prosperidad no son de fiar. 4) Amigos y familiares no son de fiar.

La naturaleza insatisfactoria de la felicidad samsárica

Podemos escuchar la mejor música, comer la comida más deliciosa, llevar las ropas más lujosas pero ningún placer que experimentemos en samsara puede dejamos completamente satisfechos.

Renacer desde tiempos sin principio

Mientras estemos dominados por la ley del karma y los engaños mentales seguiremos renaciendo una y otra vez en samsara.

Los ocho sufrimientos

Otra forma de contemplar los distintos infortunios que experimentamos en nuestras vidas es observar ocho tipos de sufrimientos: 1) nacer, 2) envejecer, 3) enfermar, 4) morir, 5) separarse de los amigos y familiares, 6) encontrarse con objetos desagradables, 7) separarse de objetos agradables, 8) no conseguir lo que uno desea.

Los tres sufrimientos

Todos los sufrimientos pueden resumirse en tres: *El sufrimiento de la miseria.* Son las enfermedades y los sufrimientos burdos en general. *El sufrimiento del cambio.* Se refiere a cualquier tipo de felicidad que experimentemos ya que, al cabo de un tiempo, se transforma en insatisfacción. Cuando hace frío deseamos estar cerca de algo que nos dé calor pero, muy pronto empezamos a sentirnos incómodos en su presencia. Podemos sentir cierto bienestar en los primeros instantes al lado del calor, pero al poco rato, ese bienestar se transforma en incomodidad. *El sufrimiento que lo impregna todo.* Significa que la naturaleza de nuestros agregados es la de actuar como un potencial para hacernos experimentar dolor en sus distintas vertientes.

Los sufrimientos que padecen los humanos son los que acaban de mencionarse pero, especialmente, el hecho de nacer, enfermar, envejecer y morir. Los semidioses se caracterizan porque están *siempre* en pie de guerra contra los dioses a causa de la envidia. Los dioses por otro lado sufren enormemente al morir debido a que su clarividencia les permite ver el reino inferior donde van a renacer posteriormente, sus amigos les abandonan en los momentos previos a su muerte y las bellas guirnaldas de flores que lucen durante sus vidas se marchitan perdiendo toda su frescura y esplendor. Se dice que el sufrimiento mental que experimentan los dioses al morir es peor que el que se sufre en los infiernos. El tormento que se vive en los infiernos es inimaginable y casi inconcebible; el de los pretas es pasar hambre y sed por prolongadísimos periodos de tiempo; el de los animales, la ignorancia profunda.

Cuando contemplemos las desventajas que se derivan del samsara, no hemos de hacerlo como cuando vemos una película en el cine sino pensando en que si continuamos creando acciones negativas, seguiremos experimentando una y otra vez las mismas situaciones desafortunadas. Esta descripción de distintos sufrimientos no significa que los podamos abandonar todas *ahora*. Por ejemplo nos hemos de enfrentar con la muerte y no podemos hacer nada para evitarla y lo mismo sucede con las otras desventajas. Pero lo que sí podemos hacer es *darnos cuenta* de los muchos inconvenientes que conlleva nuestra actual situación para así generar el deseo de salir de ella cuanto antes y trabajar denodadamente para obtener la Liberación. Este deseo es lo que se conoce como la renuncia. La razón por la cual meditamos tan minuciosamente en las desventajas que conlleva *samsara* no es para que nos sintamos desgraciados o sumamente preocupados por ello sino para que generemos un fuerte deseo de liberamos de ellas. La *Transmisión de la Disciplina* a modo de resumen dice:

El resultado de toda acumulación es la pérdida,
El resultado de lo que sube es descender,
El resultado de los encuentros es la separación,
El resultado de la vida es la muerte.

La Práctica en sí

Para despertar la mente altruista de la bodhichita es preciso aplicarse en dos tipos de adiestramientos:

Adiestrarse en la bodhichita convencional.
Adiestrarse en la bodhichita última.

Adiestrarse en la bodhichita convencional

La bodhichita es el único método para entrar en el vehículo mahayana.
Las etapas para generar la bodhichita convencional.

La bodhichita es el único método para entrar en el vehículo mahayana

La definición de bodhichita es: "Una mente primaria motivada por la compasión que anhela llegar a la Iluminación para beneficio de los demás". La bodhichita genuina se origina de la artificial. No es algo que surja espontáneamente en nosotros, necesita de unas causas determinadas en las cuales nos hemos de adiestrar. Primero hemos de conocer bien la técnica que produce la bodhichita, luego, una vez familiarizados con ella, podremos generar la bodhichita artificial y meditando una y otra vez surgirá la bodhichita genuina. No nos debemos descorazonar si comprobamos que aparecen obstáculos ante nuestros reiterados intentos. Si por la causa que fuera no pudiésemos generar esta preciosa mente en esta vida, al menos, hagamos oraciones para poder generarla en una vida próxima.

En el budismo hay dos vehículos: el fundamental (hinayana) y el mayor (mahayana). El deseo del practicante mahayana es obtener la Iluminación para beneficio de *todos* los seres conscientes; el del seguidor hinayana se centra en alcanzar la Liberación del sufrimiento sólo para *sí* mismo. El vehículo mahayana se divide a su vez en dos: el vehículo de la perfección o causal y el vehículo del mantra secreto o tantrayana. Y para entrar en cualquiera de esos dos vehículos es imprescindible poseer la bodhichita. Para obtener la Iluminación la bodhichita es imprescindible. Cuando conseguimos generarla nos convertimos en un Bodhisatva aunque todavía no hayamos obtenido la experiencia de la vacuidad. Shantideva decía:

Cuando aquellos débiles encadenados a la existencia cíclica manifiestan la bodhichita, merecen ser llamados "Hijos de los Budas" y los hombres y los dioses del mundo les venerarán.

Al igual que el plomo puede transformarse en oro aplicando el elixir secreto de los alquimistas, el día en que despertemos la bodhichita, nuestro cuerpo se transforma en el sagrado cuerpo de un Bodhisatva. El Noble Buda dijo en el *Sutra del Sublime Maitreya*:

¡Oh! Hijo del Linaje, aquí tienes algunas analogías:
La mente del despertar es como un diamante, incluso un fragmento sobrepasa todo otro tipo de adornos valiosos como el oro, y puede erradicar toda la pobreza. Del mismo modo, aunque la mente del despertar sea débil, sobrepasa todas las cualidades doradas que adornan a los Oyentes y Realizadores Solitarios. Con ella, eres un Bodhisatva y erradicas toda la pobreza del samsara.

La bodhichita es la raíz del Tantra y, sin ella, no es posible practicar este sendero tan especial. En *Iniciación en el Tantra de Vajrapani*, hay un intercambio entre Manyushri y Vajrapani.

Oh gran Bodhisatva, los misterios de este vasto mandala de mantras, profundos, insondables, raros y secretos, no deberían ser revelados a seres malignos. Oh, Vajrapani, lo que has dicho es

único y muy raro. Por tanto ¿Cómo debe uno explicárselo a aquellos
que nunca lo han escuchado antes?
Vajrapani respondió: "Oh Manyushri, en el momento en que
alguien medita en la mente del despertar, y logra dicho estado
mental, entonces Oh Manyushri, aquellos que llevan a cabo
las actividades del Bodhisatva, específicamente las actividades
relacionadas con el mantra secreto, deberían entrar en el mandala
recibiendo la gran iniciación de la sabiduría.
Cualquiera que no esté en posesión de la mente del despertar no
debería implicarse en estas prácticas.

Lo que explica este Tantra, sin embargo, parece contradictorio con la realidad actual, ya que muchos recibimos
Iniciaciones sin tener en cuenta dicha mente. Pero, en realidad, hemos de distinguir entre *practicar* tantra y *estar* en
el sendero tántrico. Para una simple práctica tántrica es
suficiente tener la bodhichita artificial; pero si uno quiere subirse al vehículo tántrico, es imprescindible poseer la
bodhichita genuina. La diferencia entre atravesar completamente el sendero tántrico o simplemente practicarlo es
muy importante. Atravesamos el sendero tántrico cuando
surgen las diferentes experiencias tántricas en nuestro continuo mental. Éstas dependen de nuestro previo desarrollo
de la bodhichita. Nosotros, que no tenemos realizaciones
espirituales, y que aún estamos a un nivel muy elemental,
lo que hacemos después de haber asistido a una ceremonia
de iniciación, es meramente practicar Tantra. Pero si aspi-
ramos a obtener realizaciones tántricas es imprescindible
haber generado la bodhichita genuina y para ello es necesario conocer los medios que nos permitan conseguirla.
Debemos entender el *Lam Rim* como la práctica fundamental sobre la que se apoya cualquier práctica de tantra.
El *Gandvyusutra* dice:

¡Oh Hijo del Linaje!, la bodhichita es como la semilla de todas las
enseñanzas de los Budas. Es como la tierra fértil donde prosperan
todas las virtudes de los seres conscientes. Es como el suelo del que

depende todo el mundo. Es como el hijo del Señor de la Riqueza, que elimina la pobreza. Es como el padre que protege plenamente a todos los Bodhisatvas. Es como el rey de todas las gemas que conceden los deseos. Es como la vasija milagrosa que concede todo deseo. Es como una espada que vence al enemigo de las emociones aflictivas. Es como la armadura que te guarda de los pensamientos molestos.
Es como el hacha que desenraíza el árbol de las emociones aflictivas. Es como un armamento que elimina todo tipo de ataques. Es como el gancho que te saca de las aguas del samsara. Es como un huracán que esparce las emociones aflictivas y sus fuentes. Es como la enseñanza condensada que abraza todas las oraciones y actividades de los Bodhisatvas. Es como el altar ante el cual todos los dioses, humanos y semidioses pueden presentar sus ofrendas. Oh, Hijo del Linaje, la mente del despertar está dotada de éstas y muchas otras cualidades excelentes.

Las etapas para generar la bodhichita convencional

Práctica durante la sesión de meditación.
Práctica después de la sesión de meditación.

Práctica durante la sesión de meditación

Desventajas del egoísmo
Beneficios de estimar a los demás.
Cambiarse por los demás.
Meditar en el amor.
Meditar en la compasión.
Meditar en la bodhichita.

Desventajas del egoísmo

El texto raíz de Gueshe Chekawa dice:

Reúne toda la culpa en una.

A pesar de que nadie desea el sufrimiento, éste surge de manera natural. Aunque la raíz de toda insatisfacción no se encuentra en el exterior, tenemos la arraigada tendencia de culpar de nuestros infortunios a las demás personas y a las circunstancias que nos rodean. Pensar así es un error. Desde tiempo sin, principio venimos renaciendo en la existencia cíclica donde hemos experimentado continuas insatisfacciones y sufrimientos Todos ellos tienen su origen en las emociones aflictivas y las acciones. La ignorancia que se aferra a la existencia intrínseca produce el egoísmo, éste produce mas emociones aflictivas que, a su vez, producen el karma.

Lo que hemos de atacar es el egoísmo y no a la persona misma. Si no lo examinamos detenidamente nos podría parecer que las dos cosas son lo mismo, pero en realidad no es así. La persona es la que padece sufrimiento y su egoísmo es el responsable de que lo experimente.

Debemos contemplar las desventajas que conlleva la actitud egoísta. Por su culpa nunca aceptamos la derrota y siempre ansiamos con desmesura la victoria. Ella es la responsable de todo tipo de daños que nos aquejan, de que se cierren las puertas de nuestra felicidad y la causa que origina nuestras insatisfacciones. Por culpa de esta actitud nos vemos a nosotros mismos como algo muy valioso y precioso, y menospreciamos a los demás. Esta engañosa actitud sostiene entre sus manos el arma afilada de las visiones erróneas porque desprecia el funcionamiento de la ley del karma y corta el camino que nos puede llevar a un renacimiento superior o a un estado de bondad última –la Liberación o la Iluminación. El egoísmo es como un ladrón que sostiene la bolsa de los tres venenos que nos roban la cosecha de virtud que hemos acumulado. El egoísmo atrae hacia nosotros todo tipo de daños por parte de seres humanos y no humanos, y acumulamos en nuestro corazón la materia prima de la que se sirve la maldad. Nuestro egoísmo es el que nos lleva a sufrir en esta vida y en las vidas próximas.

La naturaleza del samsara es la insatisfacción, así rezan las escrituras, así lo confirma el Buda y así lo recuerdan los eruditos de la India, del Tíbet y nuestros Guías Espirituales. A pesar de ello, no prestarnos la suficiente atención a este hecho y seguimos dejándonos engañar hasta por el menor de los placeres; como un perro absorto y feliz mordisqueando un mísero hueso.

Nos esforzarnos tanto haciendo planes para el futuro y llenándonos de expectativas de todas clases que somos capaces de utilizar cualquier medio que esté a nuestro alcance para ver materializados nuestros objetivos. Mostramos en nuestros empeños una actitud tan sumamente egoísta que no dudarnos en culpar de nuestras propias frustraciones a nuestros familiares, amigos, etc., cuando nuestros objetivos no se ven cumplidos.

Por culpa del egoísmo envidiamos al que es superior a nosotros, competimos con nuestro igual y despreciarnos al que vemos por debajo nuestro. Es culpable de que nos sintamos contentos cuando alguien alaba nuestras virtudes y de que nos disgustemos cuando alguien critica nuestras faltas. Esta actitud es como un caballo salvaje desbocado que nos conduce peligrosamente hacia un precipicio.

Buda dejó bien claro en sus enseñanzas que una acción positiva viene seguida de felicidad, mientras que una acción negativa precede al sufrimiento; lo mismo enseñan nuestros Guías Espirituales; pero a pesar de todo, cuando alguien nos anima a tomar el sendero que conduce al bien no le escuchamos adecuadamente y siempre nos es más fácil seguir los consejos de aquellos que nos animan a practicar el mal. Es el egoísmo el que nos empuja a actuar de esta manera.

Todas las peleas y discusiones que tenemos a lo largo de esta vida surgen por culpa del egoísmo, y mientras nos veamos sometidos a su tiranía, los enemigos y las dificultades nunca dejarán de surgir ante nosotros.

El egoísmo es el culpable de que afloren los desacuerdos, los divorcios, el distanciamiento con los demás, por tanto, hemos de aprender a identificarlo y desenmascararlo a tiempo. Según palabras de Aryadeva "Al no reconocerte como el peor enemigo, tú, egoísmo, me has atado a interminables sufrimientos, pero ahora ya me he dado cuenta de quién eres realmente, y por ello voy a vigilarte para destruirte vendiéndote a los demás". "Vender" aquí significa cambiarse por los demás.

Por culpa de esta actitud cualquier cosa, por insignificante que sea, puede llegar a molestarnos enormemente. La mera visión de un mosquito posado sobre nuestro cuerpo puede provocar en nosotros un deseo incontrolable de matarlo. Esta actitud hace que si viajamos solos, siempre sintamos temor de encontrarnos con dificultades o nos asustemos por cosas simples y sin importancia. Si sospechamos en algún momento que alguien habla mal de nosotros provoca que nos sintamos descontentos y excesivamente preocupados por nuestra imagen.

Un rey del Bhután, hermano del yogui Drukpa Kunley, en cierta ocasión enfermó de gravedad. Para recuperarse, el rey le pidió a su hermano Drukpa que llevara a cabo un poderoso ritual que incluyera ofrecimientos de tormas. Según dispone la tradición, al final de cualquier ritual de este tipo se sacan las tormas al exterior del recinto, pero Drukpa Kunley llegado el momento fue a ponerlas sobre la falda del propio rey, con lo cual éste se quejó amargamente a Drukpa diciéndole que era un signo poco auspicioso lo que acababa de hacer. El yogui, sin embargo, le respondió: "He buscado antes un lugar para depositar las tormas pero no lo he encontrado. El único sitio adecuado que he visto era sobre tu propia falda, ya que estás completamente lleno de sospechas y temores".

La Rueda de las Armas Afiladas[3] de Dharmarakshita nos aconseja no emplear armas contra ninguna fuerza que provenga del exterior, sino contra nuestra propia actitud egoísta. Gueshe Ben Gungyel nos anima con esta instrucción:

---

[3] Ver el libro *Más Allá del Egoísmo* publicado por Ediciones Amara.

Observo mi mente con cuidado con la afilada lanza de la atención.
Si el egoísmo me ataca, yo haré lo propio con él.
Si él se relaja, yo también.

Gueshe Langri Tangpa aconseja a sus discípulos a ofrecer los propios beneficios y la victoria a los demás, ya que es gracias a ellos por lo que obtenemos todo tipo de satisfacciones. Y a aceptar la derrota porque es por culpa del egoísmo que sufrimos. Vestir los hábitos de un monje no significa haber eliminado el egoísmo; podemos disfrazarnos de cualquier cosa, incluso de monje, pero esto no significa que el veneno del egoísmo no siga estando dentro. Las Iniciaciones elevadas tampoco reducen por sí mismas nuestro egoísmo.

Hemos de aprender a identificar dentro de nosotros esta actitud negativa y llegar a inutilizarla. Una vez identificada deberemos sostenerla en nuestra mente con sumo cuidado como lo haríamos al sostener el hueso de un níspero. Con la misma firmeza hemos de sostener el egoísmo por medio de nuestra atención, en caso contrario éste se escapará y hará que surjan en nosotros todo tipo de engaños.

Las desventajas del egoísmo pueden apreciarse incluso desde el punto de vista mundano; alguien que sólo piensa en sí mismo y no suele preocuparse por los demás es considerado una mala persona; por el contrario, si una persona tiende a darse a los demás y a pensar en ellos más que en sí misma, será siempre apreciada y querida por todos o en el menor de los casos siempre se la considerará amable.

Beneficios de estimar a los demás

Chandrakirti en su *Madhyamakavatara* señala que una persona que pertenece al linaje mahayana tiene como base de todas sus actividades, el amor y la compasión. Estas dos cualidades se desarrollan en dependencia de los seres conscientes. Observando su carencia de felicidad, generamos gran amor hacia ellos y percibiendo sus sufrimientos despertamos gran compasión. Al principio del camino espiritual, si careciésemos de seres conscientes a nuestro alrededor no podríamos generar la bodhichita, en la mitad del camino al carecer de ella, nos sería imposible, estabilizarla, y al final terminaríamos sin haber obtenido ningún fruto de nuestra práctica. Si deseamos practicar generosidad, disciplina ética o paciencia necesitamos la presencia de los seres conscientes.

Si deseas llegar a la Iluminación has de guardar un gran amor afectuoso por la totalidad de los seres conscientes. Si en una tierra fértil sembramos buenas semillas y estamos pendientes de regarla una y otra vez obtendremos una abundante cosecha. De la misma manera, si usamos la tierra fértil de los seres conscientes para sembrar las buenas semillas de la bodhichita y las cuatro maneras de adiestrar discípulos (ser generoso, hablar de manera agradable, enseñar y actuar según lo que enseñas), y las abonamos y las regamos con el agua de la paciencia y otras virtudes, obtendremos la sublime cosecha de la Iluminación.

Hay dos campos donde podemos sembrar las semillas que nos permitirán llegar a la Iluminación: los Budas y Bodhisatvas por un lado y la totalidad de los seres conscientes por otro. Hemos de manifestar nuestro respeto tanto hacia los Budas como hacia los seres conscientes porque, en términos de amabilidad, ambos son iguales. Aunque el conocimiento y la sabiduría de los Budas es superior, en términos de amabilidad ambos son iguales. Para llegar a ser un Buda primero tenemos que haber sido un Bodhisatva y esto depende única y exclusivamente de la mente que estima a todos los seres.

Los Oyentes y Realizadores Solitarios han logrado su propio objetivo: la Liberación del sufrimiento, pero no han obtenido la Iluminación. No tenían fijado como su objetivo supremo el ayudar a *todos* los demás seres por lo que la liberación que obtienen no es completa. Si bien han cortado con sus engaños y están más allá del samsara, aún no han conseguido la Budeidad. Esto no quiere decir que carezcan de amor o compasión, lo que sucede es que cuando practican, la motivación principal de su adiestramiento es luchar por la liberación de sí mismos. Esto les impide generar la gran compasión.

Podríamos pensar que es contradictorio estar más allá del samsara y aún ser presa del egoísmo pero no es así. Hay dos tipos de egoísmo: el que está teñido por las emociones aflictivas y el que está libre de ellos. Los Oyentes y Realizadores Solitarios no poseen la actitud egoísta inducida por el aferramiento a la existencia intrínseca pero sí tienen la producida por el deseo de entrar personalmente en el Nirvana. Gueshe Chekawa nos aconseja:

Medita en la gran amabilidad de todos los seres.

El *Comentario a la Bodhichita* aconseja evitar en todo momento la mente que no desea amar a los demás igual que evitaríamos ingerir un peligroso veneno.

Observar la amabilidad que los demás seres han tenido con nosotros causa el despertar del amor afectuoso. En la actualidad ya sentimos sin dificultad dicho amor hacia nuestros amigos y familiares. Aunque para un principiante le resulta difícil generar amor hacia sus enemigos, deberíamos entrenarnos tanto como nos fuera posible para hacerlo posible. Si sentimos aversión hacia alguien debemos pensar que este enemigo no es permanente; en el pasado fue un buen amigo nuestro o cabe la posibilidad de que lo sea en el futuro. Si alguien nos perjudica es debido a que están madurando acciones negativas que hemos cometido contra él en el pasado. Nuestro enemigo está actuando como *causa secundaria* y la acción negativa cometida en el pasado como *causa principal*. Al encontrarse estas dos causas se produce el resultado de nuestro perjuicio. Además si lo analizamos, por culpa de sus engaños, él nos está perjudicando y por tanto está creando una acción negativa de la cual resultará algún tipo de sufrimiento para él en un futuro.

Debemos tener en cuenta que nuestro enemigo del presente ha sido nuestra madre en el pasado, se ocupó amorosamente de nosotros y nos dio de comer a costa de su sufrimiento. Para practicar paciencia necesitamos un enemigo. El adversario es nuestro mejor amigo ya que sin perfeccionar nuestra paciencia nunca obtendremos la Iluminación. Él nos pone la Iluminación en la palma de nuestra mano. Deberíamos estarle verdaderamente agradecidos por ello, pues aún sigue beneficiándonos en el presente. Gueshe Chekawa nos aconseja:

Sean tus enemigos o tus seres queridos, todos
Son los objetos de tus emociones aflictivas.
Ver a todo el mundo como un amigo espiritual
Te reporta felicidad, incluso cuando estés solo.

Nuestro Maestro es muy amable ya que nos da los preceptos que nos ayudan a llegar a la Liberación o Iluminación. Igualmente, el enemigo es el mejor amigo porque nos ayuda a desarrollar la paciencia. Sin esforzarnos por nuestra parte, él nos da la gran oportunidad de practicar Dharma; es como encontrar un tesoro. Si alguien al que hemos ayudado en alguna ocasión nos perjudica ahora, en vez de enfrentarnos con él, debemos ayudarlo más si podemos.

La idea de estas reflexiones es que comprendamos las desventajas del egoísmo, las ventajas de estimar a los demás, y ver su amabilidad para así poder cambiarnos por los demás.

Cambiarse por los demás

Dice el *Sutra Las Oraciones de Aspiración*: "Que el sufrimiento de todos los seres madure en mí y que mi felicidad madure en ellos". Nagaryuna decía: "Que el sufrimiento y las negatividades de todos los seres madure en mí y que toda mi virtud madure en ellos". Shantideva hizo especial hincapié en las distintas maneras de efectuar el cambio de actitud en nuestro continuo mental. En uno de sus versos señala que es importante meditar en cambiarse uno mismo por los demás, porque el egoísmo es el origen de todo lo malo que nos acontece mientras que si nos cambiamos por los demás, automáticamente se originan todas las cualidades excelentes. Únicamente hemos de cambiar esta arraigada y egoísta actitud de estimarnos a nosotros mismos por la actitud de estimar sin límites a los demás. Si uno se estima a sí mismo más que a los demás nunca podrá encontrar felicidad.

En la sociedad se tiende a criticar a aquellas personas que son egoístas mientras que se alaba a aquellas altruistas que trabajan por el bienestar de los demás. Si se puede alabar a alguien que ayuda a otra persona ¿cuántas alabanzas no hemos de hacer por alguien que desea ayudar a todos los seres del universo? Hemos de generar el sentimiento de estimar a los demás tanto como ahora nos estimamos a nosotros mismos. Nos hemos de adiestrar en ayudar al prójimo y aliviar su sufrimiento, y si por las circunstancias que sean no pudiéramos hacerlo ahora de manera real, al menos, hagámoslo mentalmente. Aryasura en *Las Oraciones de Aspiración en Setenta estrofas* dice:

La causa principal del sufrimiento de los seres conscientes son sus engaños mentales y sus acciones.
Que todos los sufrimientos y sus causas maduren en mí y queden los demás seres libres de ellos.
Si tuviese que renacer en el peor de los infiernos para el beneficio de todos los seres, no me importaría.
Que todos los seres disfruten siempre de felicidad pura.

El egoísmo es la fuente de todas las faltas y estimar a los demás es la fuente de todas las excelencias. Por ello estimemos a los demás en lugar de estimarnos a nosotros mismos. A esto se le denomina cambiarse uno mismo por los demás. Algunos piensan que cambiarse por los demás significa convertirnos en el otro, pero no es justamente así. Hasta ahora nos hemos estimado a nosotros mismos como si fuéramos lo más precioso y valioso del mundo y nos hemos aferrado a la concepción de que los demás no son importantes. Esta es la actitud que hemos de cambiar. Hasta este momento nos hemos estimado sólo a nosotros mismos y ¿qué resultado hemos extraído de esta actitud? Sólo y exclusivamente sufrimientos. En cambio los Budas han amado más a los demás y ¿qué han obtenido en consecuencia? La Iluminación.

Meditar en el amor

En primer lugar nos adiestraremos en el amor afectuoso *regalando* nuestro cuerpo, posesiones y semillas de virtud a los demás. A continuación meditamos en la compasión *tomando* sobre nosotros el sufrimiento de todos los seres. El texto de Gueshe Chekawa dice:

> *Adiéstrate alternativamente en dar y tomar.*

Esta sección se divide así:

Cómo generar amor por medio de *dar* el cuerpo.
Cómo generar amor por medio de *dar* nuestros bienes.
Cómo generar amor por medio de *dar* nuestras virtudes.

Según otra instrucción tradicional se puede empezar *tomando* el sufrimiento de los demás y posteriormente *darles* nuestro cuerpo, posesiones y semillas de virtud. Esto es así porque cuando alguien sufre, lo primero que desea es verse libre de su sufrimiento y después recibir otro tipo de ayudas que pueda necesitar.

Antes de *dar* es bueno contemplar los beneficios del amor afectuoso. *El Sutra Rey de la Concentración* dice:

> *Si tuviéramos infinitos ofrecimientos, tantos como millones*
> *y millones de reinos en el universo, y los ofreciéramos a los seres*

supremos, no se podría comparar a despertar un poco de amor
hacia todos los seres.

El *Ratnavali* de Nagaryuna dice:

Ni tan siquiera ofrecer trescientos manjares preciosos
Tres veces al día a los monjes, sería igual en mérito al producido
por despertar un instante de amor.

Gueshe Tamding señaló que si meditamos en el amor, los seres que cuidan del Dharma, así como los *nagas* y los protectores locales nos protegerán. Una persona que medita en el amor no padecerá tormentos mentales y siempre gozará de felicidad. Cuando el Buda se encontraba a punto de obtener la Iluminación meditaba sobre el amor afectuoso y fue atacado por los demonios que intentaban distraerle de su concentración. Éstos, enojados al ver que no conseguían apartar su mente del supremo amor que sentía hacia todos los seres, comenzaron a arrojarle flechas con la intención de herirle, pero éstas, antes de tocar el cuerpo del Buda se transformaban en maravillosas flores multicolores que lo impregnaban todo con exquisitas fragancias. Quien medita en el amor afectuoso verá cumplidos sus deseos temporales y últimos y llegará a la Iluminación rápidamente.

Cómo generar amor por medio de dar el cuerpo

Meditamos en el amor por medio de *dar* nuestro cuerpo, bienes y raíces de virtud a los demás. Esta práctica se menciona en el tercer capítulo de la *Guía* de Shantideva:

Sin ningún sentimiento de pérdida entregaré mi cuerpo y bienes
así como la virtud que pueda acumular a lo largo
de los tres tiempos para el beneficio de los seres.

Puesto que aún no podemos dar nuestro cuerpo, riquezas y semillas de virtud a los demás de manera real, al menos lo hemos de hacer mentalmente. Para ello debemos pensar de la siguiente manera: "Para ver realizado el deseo de los demás voy a entregarles, sin avaricia alguna, mi cuerpo, mis posesiones y las semillas de virtud que haya acumulado en los tres tiempos".

De manera simple, la generosidad es "una actitud mental que desea dar a los demás". Lo que damos materialmente cuando ofrecemos algo, no es otra cosa que la sustancia resultante de nuestra generosidad. Hemos de aumentar esta beneficiosa actitud paulatinamente por medio de la práctica del dar.

Cuando se habla de *dar* nuestro cuerpo para beneficio de los demás, no quiere decir que entreguemos nuestro cuerpo ordinario. Lo que hacemos es imaginar que éste se transforma en la *Joya que concede todos los deseos* imaginando que todos los deseos mundanos y espirituales de los seres se ven colmados y satisfechos.

El *Sutra de la Bandera del Vajra de la Victoria* menciona:

> *Al igual que a través de distintos medios y manifestaciones*
> *los cuatro grandes elementos sostienen a todos los seres conscientes,*
> *un Bodhisatva transforma su propio cuerpo para que sea*
> *la base para sostener a todos los seres conscientes.*

Hemos de tener la actitud de Shantideva:

> *Pueda yo ser el médico, la medicina y la enfermera*
> *de los enfermos del mundo hasta que sanen todos ellos.*

La práctica de *dar* acumula un gran mérito y si, además, meditamos en las "tres esferas" –que uno mismo, los demás, y la acción de dar, carecen de existencia inherente– acumulamos sabiduría. La práctica continuada de *dar* nos ayuda a incrementar nuestra generosidad.

¿Deberíamos dar cosas que son perjudiciales? Sólo en esta meditación y, con el fin de mejorar nuestra práctica en el amor afectuoso, podemos hacerlo, pero en la vida cotidiana, si una persona nos pide un cuchillo para matar a alguien, obviamente no se lo deberíamos dar. Esta parte se divide en tres secciones:

> Entregar el cuerpo a los seres que no están en el camino espiritual.
> Entregar el cuerpo a los seres que están en el camino espiritual.
> Entregar el cuerpo al medio ambiente.

Entregar el cuerpo a seres que no están en el camino espiritual

Hay dieciocho tipos de infiernos. De entre ellos hay ocho clases de infiernos fríos, ocho calientes, un infierno fronterizo y otro ocasional. Los seres allí sufren cruelmente sin cesar. Si observamos los muchos y terribles infiernos que padecen estos seres, desearemos poder ayudarles de la mejor manera. Imaginamos que nuestro cuerpo se transforma en una *Joya que concede todos los deseos* y que de ella surgen rayos de luz que eliminan todos sus sufrimientos. De la *Joya* emanamos tantas réplicas como número de seres infernales existen. Cuando estas réplicas llegan hasta ellos sus cuerpos se transforman en un perfecto renacimiento humano, abandonan por completo sus tormentos, adoptan en su continuo mental las Siete Gemas propias de los Aryas y reciben todo tipo de comida, vestidos y lugares agradables para vivir. Una vez todos se encuentran con las condiciones propicias para su desarrollo espiritual, esta *Joya* emana innumerables Guías Espirituales que les imparten enseñanzas, meditan en ellas y obtienen la Iluminación.

Otros seres a los que beneficiar con nuestra meditación son los *pretas*. Estos seres experimentan terribles sufrimientos producidos por el hambre y la sed a causa de su avaricia y ansiedad. Siguiendo el mismo procedimiento que antes, de la *Joya* salen innumerables réplicas transformando el cuerpo de los pretas en el de un perfecto renacimiento humano, encontrando todas las condiciones propicias para la práctica; obtienen enseñanzas de cualificados Guías Espirituales, meditan y alcanzan la Iluminación.

Los animales experimentan grandes sufrimientos, especialmente los que viven en los profundos océanos, donde ni siquiera puede llegarles un solo rayo de luz solar. Con ellos debemos ejercitarnos en la misma visualización citada hasta verles instalados fuera de sus sufrimientos y en la plena y total Iluminación.

Según la cosmología budista, la vida de los seres humanos se reparte en cuatro continentes y ocho subcontinentes. Existen humanos en áreas remotas donde no hay enseñanzas de ningún Dharma que posibilite la liberación de la cadena de pesares. De la *Joya que concede todos los deseos* enviamos réplicas a todos aquellos que carecen de las características propias del perfecto renacimiento humano. Todos los seres ven cubiertas todas sus necesidades a nivel material, entran en contacto con Guías Espirituales que les dirigen hacia la Iluminación. Hacemos lo mismo con los dioses y semidioses del Reino del Deseo. La *Joya que concede todos los deseos* emana réplicas que calman el sufrimiento de ver llegar la muerte con antelación de los dioses y obtienen todo lo necesario para alcanzar la Iluminación.

No debemos olvidarnos de aplicar esta misma meditación pensando en los seres que vagan en el *bardo* —estado intermedio entre la muerte y el siguiente renacimiento[4]—. Todos los seres del samsara excepto los del Reino Sin Forma, han de atravesar necesariamente este estado. Éste es el plano en el que el ser se encuentra buscando un lugar donde renacer una vez ha muerto en su anterior existencia. Durante este periodo todos los seres experimentan gran cantidad de alucinaciones y tormentos. Para evitar sus sufrimientos transformamos nuestro cuerpo en la *Joya que concede todos los deseos* y les aliviamos de sus tormentos

---

[4] Ver el libro *Muerte y Reencarnación* publicado por Ediciones Amara.

hasta que vemos que estos seres quedan instalados en la Iluminación completa.

Generar amor hacia nuestros enemigos es algo muy difícil de conseguir debido a que nuestros engaños mentales nos lo impiden, por tanto, su adiestramiento requiere una técnica especial que debemos poner en práctica. Para ello imaginamos que de nuestra mente de bodhichita, (la hayamos generado perfectamente o no), salen multitud de rayos de luz que reúnen a todos nuestros enemigos sentándolos delante nuestro, a continuación y sin albergar ningún sentimiento de egoísmo les regalamos todo tipo de ofrendas materiales que agradan plenamente a sus sentidos, así como todas las realizaciones espirituales que se puedan obtener. Al igual que nuestra madre en esta vida ha sido muy amable con nosotros, ellos también lo fueron en otras vidas cuando fueron muy cercanos y. queridos por nosotros. Generamos el deseo de devolverles su amabilidad pensando que ahora tienen derecho absoluto sobre nuestros bienes y propiedades y el propio cuerpo. Se lo entregamos todo sin ninguna avaricia. Ellos se sienten satisfechos, generan la bodhichita y obtienen la Iluminación.

Entregar el cuerpo a los seres que están en el camino espiritual

Los que están implicados en el camino espiritual son los seres que practican los dos vehículos, hinayana y mahayana. Los primeros están en el sendero de acumulación, de preparación, de la visión, de la meditación y de no más aprendizaje del vehículo hinayana. A ellos les entregamos nuestro cuerpo bajo el aspecto de *Joya que concede todos los deseos,* eliminan sus obstrucciones obteniendo así la Iluminación.

Hacemos lo mismo con los practicantes mahayana para que eliminen todos sus obstáculos y obtengan así la Budeidad. A continuación entregamos, con fe, réplicas de la *Joya que concede todos los deseos* a nuestros Lamas Raíz y del Linaje así como a todos los Budas de las diez direcciones, imaginando que estas réplicas se postran ante ellos. De esta manera acumulamos tantos méritos como Joyas emanamos. De las réplicas salen multitud de ofrecimientos que los Budas aceptan con deleite y generan el gozo no contaminado.

Una vez terminada la meditación podemos añadir oraciones de aspiración como las que siguen: "Que como resultado de dar mi cuerpo a los seres que no están implicados en el sendero, puedan ellos obtener el estado del Dharmakaya" y "que como resultado de dar mi cuerpo a los seres que están implicados en el sendero, se vean realizados todos mis deseos, temporales y últimos", y "Que por medio de ofrecer mi cuerpo a los Lamas y Budas de las diez direcciones se realicen todos los deseos de los seres conscientes".

Entregar el cuerpo al medio ambiente

"Medio ambiente" alude a los lugares donde pasan su existencia la totalidad de los seres. La mayoría de ellos se enfrentan en sus vidas a muchos inconvenientes en los lugares donde viven. Unas tierras son áridas y otras demasiado húmedas, en unas hace mucho frío y en otras demasiado calor, algunas son devastadas por repetidas inundaciones, y otras, por el contrario, padecen prolongadas sequías o terremotos. Para poder evitarles los sufrimientos que se ven obligados a afrontar continuamente, debemos imaginar que las réplicas de nuestro cuerpo o *Joya que concede todos los deseos* llegan a estos lugares y por la fuerza de la bodhichita los transforman en Tierras Puras. Inmediatamente el suelo se vuelve agradable y suave, sin malos olores, con una fragancia parecida al sándalo, lleno de árboles y flores, pueden verse piedras preciosas, oro y diamantes, lagos y estanques, lotos y preciosos cisnes. Los seres que los habitan son ricos y felices pero sin arrogancia, ni otros engaños mentales. Hacia cualquier parte donde se mire todo emana felicidad y cualquier sonido, incluso el canto de los animales o el arrullo del agua se convierte en el sagrado sonido del Dharma.

En meditación hemos de pensar que nuestro cuerpo es como un mágico y prodigioso elixir que transforma el medio ambiente donde habitan los seres. Practicando así, de esta manera, sembramos una semilla kármica para llegar a ser Budas. Cuando seamos un Buda no beneficiaremos a los seres únicamente a través de las enseñanzas sino que también lo haremos por medio de la actividad Iluminada de las bendiciones. Este adiestramiento es especialmente eficaz ya que creamos la causa para que en un futuro renazcamos en Tierras Puras o en lugares verdaderamente afortunados donde reina la felicidad.

Cómo generar amor por medio de dar nuestros bienes

En la India existía la costumbre de que los reyes tuvieran un lugar público, que abrían en ocasiones especiales, para dar cosas a la gente necesitada. Hoy en día los sikhs, por ejemplo, mantienen esta costumbre. La práctica de *dar* es muy importante, la empezamos entrenándonos en ofrecer cosas pequeñas a los demás y a las Tres Joyas. Después, con el tiempo, nos será más fácil entregar cosas mayores. El resultado de la generosidad es renacer ricos en vidas posteriores; al igual que ahora nos hace falta el dinero para ver cubiertas nuestras necesidades básicas, también lo necesitaremos en las vidas futuras. La generosidad ejercitada en el pasado hace posible que hoy tengamos muchas de nuestras necesidades cubiertas sin que realicemos excesivo esfuerzo. No en balde hay lugares en los que obtener un simple trozo de pan cuesta realmente mucho. Disponer ahora de lo necesario para vivir hace que consumamos rápidamente el mérito creado en las vidas previas cuando fuimos generosos; por tanto, debemos practicar *ahora* la generosidad a fin de crear causas positivas que nos serán necesarias para el futuro.

Sakyamuni Buda alababa la base corporal de un laico como idónea para practicar la generosidad, la paciencia y la ética; y alababa a los monjes porque para ellos era más fácil generar concentración y sabiduría. La perseverancia es la perfección que deben practicar tanto unos como otros.

Cómo generar amor por medio de dar nuestras virtudes

Hemos visto cómo podíamos entregar nuestro cuerpo y bienes presentes a los demás. Para seguir desarrollando generosidad podemos también *dar* nuestra virtud del pasado, presente y futuro a todos los seres de los seis reinos y a aquellos que están implicados en el sendero. Nagaryuna decía:

Por esta virtud que todos los seres reúnan las acumulaciones
del mérito y la sabiduría y, como resultado,
que alcancen los dos cuerpos sublimes.

Cuando usemos nuestros bienes pensemos que lo hacemos para beneficio de los demás. Es muy difícil juzgar a los demás sólo por su aspecto externo, una persona acaudalada puede tener menos apego que un pobre que vive apenas sin nada El Séptimo Dalai Lama gozó de mucho poder pero, a pesar de ello, siempre decía: "Mis únicas pertenencias son mis hábitos y mis instrumentos tántricos".

Antes de hacer cualquier práctica hemos de generar compasión o bodhichita, aunque sea artificialmente. Si ahora nos resulta difícil generar amor y compasión es debido a que no nos hemos adiestrado con anterioridad. Con el ejercicio necesario y una correcta comprensión intelectual de estas técnicas sin duda generaremos estas cualidades en nuestro interior. Aryavira solía decir:

Por débil que sea tu intención de beneficiar a los demás,
Deberías siempre tener este pensamiento en mente.
Si lo tienes llegarás a su consecución.

La Guirnalda Preciosa señala:

> *Si el mérito por hacer esto tuviera una forma física*
> *Llenaría todo el espacio imaginable e incluso más.*
> *Así lo afirmó Buda, el Subyugador, y viene apoyado por*
> *razones lógicas: puesto que el número de seres es infinito,*
> *también lo es la intención de beneficiarlos.*

Meditar en la compasión

> Meditar en la compasión por medio de tomar las
> causas del sufrimiento y el sufrimiento en sí.
> Meditar en la compasión por medio de tomar las faltas
> e inconvenientes del lugar donde viven los seres.

Incluso cuando vemos a un animal que sufre surge en nosotros un sentimiento de compasión, lo llamemos así o no. Sin embargo, la mera compasión que nos produciría esta visión no es suficiente, lo que necesitamos es generar la gran compasión: "el deseo de que *todos* los seres se vean libres del sufrimiento y de sus causas".

Chandrakirti en su *Madhyamakavatara* alababa la gran compasión por su primordial importancia al principio, en el medio y al final del camino. Al principio es la semilla para generar bodhichita, una vez generada es el agua que la riega y fertilizante que la nutre, y al final, cuando se llega a la Budeidad, es el fruto que nos empuja para ayudar a los demás. Con la gran compasión tenemos la Iluminación al alcance de nuestra mano.

El amor es la actitud mental que desea que todos los seres sean felices; y la gran compasión es la que desea que todos los seres se encuentren libres de sufrimiento. *El Compendio de la Doctrina Perfecta* dice:

> *Oh, Subyugador, los Bodhisatvas no se adiestran en muchas*
> *enseñanzas. Oh Subyugador, si entienden y experimentan*
> *una doctrina a la perfección tienen la Iluminación*

en las palmas de sus manos. Si preguntas,
¿Cuál es esa doctrina? Es la gran compasión.

Meditar en la compasión por medio de tomar las causas del sufrimiento y el sufrimiento en sí

Antes nos hemos adiestrado en el amor por medio de *dar;* ahora practicaremos la compasión por medio de *tomar.* Hacemos este ejercicio alternativamente, primero *tomamos* el sufrimiento de los demás y después les *damos* la felicidad que necesitan. No obstante, el texto de Gueshe Chekawa dice:

Empieza la secuencia tomando de tu propio lado.

En un primer momento, si no somos capaces de *tomar* el sufrimiento de los demás, podemos empezar tomando el nuestro propio. Para ello hemos de decidirnos así:

Desde tiempo sin principio he venido creando causas como
para experimentar todos los tormentos de los reinos inferiores,
por ello tengo que tomar ahora para mí estos sufrimientos
que con seguridad tendré que padecer en el futuro.

Tomamos voluntariamente todos los sufrimientos, obstáculos y enfermedades que nos van a aparecer en los próximos años, e imaginamos que son eliminados. Meditar así es muy beneficioso. Cuando estamos enfermos hemos de pensar que *ahora* experimentamos un sufrimiento que tendríamos que soportar en un futuro; y lo purificamos haciendo del dolor algo significativo.

Para empezar la meditación de *tomar* el sufrimiento de los demás despertamos compasión con estas palabras: "Que todos los seres se libren del sufrimiento y de sus causas". Seguidamente imaginamos que todo su sufrimiento viene hacia nosotros bajo la forma de humo negro, entra en nuestro cuerpo y se colocan encima de nuestro egoísmo, a la altura del corazón. Piensa que, de este modo ellos quedan libres de su sufrimiento. Al *tomar* el sufrimiento de los demás es importante pensar que se elimina nuestro egoísmo y que los seres se liberan del samsara Así se *toma*, el sufrimiento de los demás de forma general, pero si queremos, lo podemos hacer también de manera específica.

En primer lugar, observamos a los seres en los infiernos fríos y calientes, imaginamos que todo su sufrimiento viene hacia nosotros entrando en nuestro cuerpo, allí cortan nuestro egoísmo igual que lo haría una cuchilla cortando un cabello. Después realizamos la misma visualización tomando el sufrimiento de los pretas, animales, humanos, semidioses, dioses de todos los reinos y también el de los seres del bardo. Finalmente *tomamos* todo lo que interfiere el sendero de los Oyentes, Realizadores Solitarios y Bodhisatvas, a la vez que nosotros nos liberamos del egoísmo.

Cuando *damos* podemos entregar nuestro cuerpo, bienes y virtudes a nuestros Lamas y a los Budas pero cuando *tomamos* el sufrimiento de los demás, en este caso no cogemos el de los Budas y Lamas ya que no lo padecen. Este punto es difícil de comprender, ya que el Lama puede no ser un Buda pero si lo considerarnos como tal no debemos *tomar* su sufrimiento. Si lo vemos como un ser ordinario, la cuestión es diferente. Para los principiantes entender este punto es complicado ya que, a veces, pueden pensar erróneamente acerca de la naturaleza del Lama sólo por lo que ven (enfadado, enfermo, etc.). Cuando un buen practicante ve estas situaciones en sus Maestros Espirituales ha de pensar que no son más que manifestaciones para domar nuestra mente. Cuando afirmamos que el Lama es un Buda es porque hace lo que haría un Buda: dar enseñanzas para beneficiar a los demás. Si acogemos a alguien como Lama debemos verle como a un Buda, sin fijarnos en su aparente comportamiento ordinario. Hemos de esforzarnos en generar fe en él recordando sus buenas cualidades.

Hay una anécdota muy interesante que le acaeció al Emperador de la China y al Maestro Sakya, Chogyal

Pagpa. Los textos tántricos explican que para establecer una relación espiritual entre un Maestro y un discípulo es importante que los dos se investiguen durante un tiempo; el estudiante debe observar durante doce años a su Lama. El Emperador, que era muy religioso, siguió este consejo. Chogyal Pagpa era un gran Lama, experto en Sutra y en Tantra e incluso había realizado muchísimos milagros. El Emperador, al ver estos poderes empezó a mostrar fe en el Lama y un día dirigiéndose a él le dijo: "He investigado tus cualidades durante doce años, ahora te pido que me aceptes como discípulo". El Lama le respondió: "Es fantástico que me hayas observado durante tanto tiempo, ahora yo voy a investigarte a ti durante otros doce años antes de aceptarte como discípulo".

Meditar en la gran compasión por medio de tomar las faltas e inconvenientes del lugar donde viven los seres

El medio ambiente está creado por sus propias causas y por el karma común de los seres que lo habitan, en consecuencia el medio ambiente donde se desarrolla la vida de los seres constituye un sufrimiento verdadero. En muchos países las cosechas son ricas y buenas de obtener, hay lugares en los que es cómodo y fácil vivir y otros en los que la vida es difícil y llena de pesares. Estas diferencias se deben al karma colectivo que ha sido creado por los seres que habitan en ellos.

Para hacer esta práctica tenemos que pensar en los innumerables inconvenientes del medio ambiente de las diez direcciones donde viven los seres y aceptar estos inconvenientes en nuestro interior. Esto crea causas para que se elimine nuestro egoísmo y para convertir el medio ambiente hostil donde viven los seres en una Tierra Pura donde la vida se hace fácil y feliz para todos ellos.

La práctica de *tomar y dar* es un ritual muy eficaz y en extremo poderoso que corta todo tipo de obstáculos. Todos los engaños, las depresiones, frustraciones, insatisfacciones, provienen de nuestro egoísmo y este adiestramiento constituye el mejor antídoto para obtener su extinción.

La meditación en el amor y la compasión vinculadas con la práctica de *dar y tomar* debe hacerse muchas veces hasta hacerla familiar en nuestra mente, entonces, la podremos ejercitar junto a nuestra respiración.

El texto raíz de Gueshe Chekawa continúa diciendo:

Monta los dos sobre la respiración.

Al inspirar debemos imaginar que todo el sufrimiento de los seres entra en forma de humo negro dentro de nosotros y se coloca inmediatamente encima de lo que es nuestra actitud egoísta, a la que visualizamos en el centro de nuestro corazón, bajo el aspecto de la llama de una vela a punto de extinguirse. Cuando el sufrimiento de los seres entra en contacto con la llama en nuestro corazón ésta se apaga, significando la extinción de nuestro egoísmo. Inmediatamente rayos de luz se funden con el aire que espiramos llevando felicidad a los seres que sufren. Al expulsar el aire pensamos que entregamos nuestras virtudes creadas en los tres tiempos, nuestro cuerpo así como nuestras posesiones a los seres conscientes para que obtengan así la Iluminación.

Esta práctica es muy poderosa ya que nuestra respiración siempre está conectada con nuestra mente. Kedrub Je, discípulo de Tsong Khapa alababa esta técnica y a su Maestro de esta manera en su texto *La Leyenda del Secreto*:

Si con tu sola respiración puedes ayudar a los demás
e incluso acumulas méritos y beneficios
¿qué se puede decir acerca de tus otras actividades?

Existe otra técnica para generar la preciosa mente de bodhichita, la denominada de las Seis Causas y un Efecto. Proviene de un linaje ininterrumpido que se remonta desde Sakyamuni Buda hasta Asanga y posteriormente ha ido pasando hasta llegar a nuestro Lama Raíz. En la actividad de

Cambiarse uno mismo por los Demás intervienen lo que podríamos llamar cuatro causas y un efecto. Las primeras dos causas son: cambiarse por los demás viendo las desventajas que encierra la actitud del egoísmo, y cambiarse por los demás considerando los beneficios que se desprenden de la estima hacia ellos. Dentro de estas dos están incluidas las tres primeras causas pertenecientes a la técnica de las Seis Causas y un Efecto –reconocer a todos los seres como a nuestra madre, recordar toda su amabilidad para con nosotros y devolverles esta amabilidad–. La tercera causa consiste en meditar en el gran amor generado al *dar* nuestro cuerpo, posesiones y virtud a todos los seres. La cuarta causa es meditar en la gran compasión por medio de *tomar* para uno mismo el sufrimiento de todos los seres.

En la técnica de Cambiarse por los Demás no se explica por separado la sexta causa de Asanga –la intención superior–, ya que si cultivamos las cuatro que hemos venido mencionando, ésta surgirá espontáneamente. La intención superior es la determinación de hacer algo eficaz para eliminar completamente el sufrimiento de los demás y proporcionarles una felicidad pura.

Meditar en la bodhichita

Una vez generada en nosotros la intención superior y después de considerar que mientras permanezcamos anclados en un estado ordinario no podremos ayudar a los demás, despertamos la preciosa bodhichita: el deseo de llegar a la Iluminación para beneficio de todos los seres. La bodhichita es la causa principal para obtener el Cuerpo de la Forma (Skt: Rupakaya) de un Buda.

Práctica después de la sesión de meditación

Los tres objetos, los tres venenos y las tres raíces de virtud.
Recitación de versos mientras ejecutas actividades.

Los tres objetos, los tres venenos y las tres raíces de virtud

El texto de Gueshe Chekawa dice:

> *Los tres objetos, los tres venenos y las tres raíces de virtud*
> *son la instrucción breve durante el logro posterior.*

En la vida cotidiana nos encontramos con tres objetos: agradables, desagradables y neutros. Los tres venenos que nos encadenan al sufrimiento son: el apego, el odio y la ignorancia. Las tres raíces de virtud que nos proporcionan toda felicidad son: el desapego, el amor y la sabiduría.

Tenemos seis consciencias -visual, auditiva, olfativa, gustativa, corporal y mental- cuyos objetos son formas, sonidos, olores, sabores, tacto y fenómenos internos. Cualquiera de dichos objetos puede provocar emociones aflictivas.

Cuando vemos una forma hermosa o escuchamos un sonido agradable, nuestra mente responde con apego. Por el contrario, cuando nos encontramos con objetos desagradables surge en nosotros la aversión y el rechazo. Y si se trata de objetos neutros surge la ignorancia.

Siempre que nos encontremos con un objeto atractivo deberíamos intentar no generar apego hacia él y, en su lugar, anteponer el desapego. Al relacionarnos con objetos desagradables debemos responder con amor o paciencia ante ellos y, al encontrarnos con objetos neutros deberíamos así mismo reconocer inmediatamente la ausencia de su existencia intrínseca y aumentar nuestra sabiduría. Cuando nos demos cuenta de que nuestra mente se encuentre dominada por cualquier tipo de engaño hemos de poner en práctica el antídoto ya conocido del *dar y tomar.*

Recitación de versos mientras ejecutamos actividades

> *Para recordar adiéstrate en cada actividad con palabras.*

Cuando llevemos a cabo nuestras actividades cotidianas cualquiera que sean éstas hemos de recordar versos como el de Nagaryuna:

> *Que el sufrimiento e impurezas de todos los seres*
> *maduren ahora mismo en mí;*
> *que mis virtudes y posesiones maduren en los demás.*

Gueshe Potowa

Transformación de las Circunstancias Adversas

Las ramas del Adiestramiento de la Mente

Llevar las circunstancias adversas al sendero de la bodhichita.
Unificar toda la práctica en el espacio de tiempo de una vida.
La medida del éxito del adiestramiento en la bodhichita.
Los compromisos de la bodhichita.
Los consejos de la bodhichita.

Llevar las circunstancias adversas al sendero de la bodhichita

La manera de llevar las circunstancias adversas al camino por medio de la bodhichita.
La manera de llevar las circunstancias adversas al camino por medio de las actividades extraordinarias de acumular y eliminar.

La razón por la cual muchos países de nuestro mundo tienen problemas como sequías, inundaciones, guerras, epidemias y tantas otras penurias, se debe, principalmente, al efecto ambiental que viene originado por el karma colectivo de los seres que lo habitan. Ahora vivimos una época de decadencia espiritual, las condiciones han degenerado tanto que las personas estamos muy influenciadas por las emociones negativas y las acciones contaminadas. Si por el motivo que fuera nos encontramos con circunstancias adversas y practicamos *Lo Yong* podremos eficazmente transformar estas situaciones negativas en favorables. Cuando nos aflija la depresión, el estrés, la enfermedad, las preocupaciones, nos enfrentemos a separaciones o desastres de cualquier tipo, hemos de pensar: "Por fin mis oraciones han sido escuchadas, estoy recibiendo el sufrimiento de los demás, me siento feliz por ello". También debemos decirnos: "El mal karma creado en mis vidas previas madura ahora en mí, esto es fantástico pues así no tendré que experimentarlo en mis vidas próximas". Si por otro lado nuestros enemigos nos causan problemas o molestias debemos pensar de esta manera: "Incluso mis enemigos se transforman ahora en mi Guía Espiritual facilitándome la maravillosa tarea de practicar paciencia". Con estos pensamientos, inmediatamente ponemos en práctica la significativa técnica de *dar y tomar.*

El texto raíz de Gueshe Chekawa señala:

Cuando el recipiente y su contenido están repletos de maldad, transforma las condiciones adversas en el sendero que conduce hacia la Iluminación. Aplica la meditación ante cualquier circunstancia con la que te encuentres.

La manera de llevar las circunstancias adversas al camino por medio de la bodhichita

Los términos "recipiente y contenido" se refieren al mundo y a los seres que lo habitan. Tenemos que practicar de manera intensa cuando vemos que el mundo y sus habitantes reciben los resultados de su mal karma. Cualquier actividad que hagamos en nuestra vida ordinaria la hemos de unir a la meditación. Siempre que experimentemos sufrimientos y los pesares de esta vida nos aflijan debemos pensar: "En el universo viven un número incontable de seres conscientes que en este momento están padeciendo un dolor mayor que el mío, ¡ojala! sus sufrimientos maduren todos sobre mí y se vean completamente libres de ellos".

Cuando todo en la vida nos vaya bien, debemos pensar: "Esta felicidad que ahora estoy disfrutando no carece de causa sino que es el fruto de mis buenas acciones realizadas en el pasado. Ojala pueda sentir esta felicidad también en el futuro". Para seguir disfrutando de felicidad hemos de esforzarnos en la práctica de la disciplina ética. Gozar de felicidad ha de ser siempre una de las causas para animarnos más en llevar a cabo sólo acciones positivas. Muchas personas cuando se sienten felices tienden a generar orgullo y a dar muestras de un exacerbado egoísmo; estas mismas personas al encontrarse con otras que son superiores a ellas se dejan arrastrar por la envidia, y cuando dan con seres que son inferiores a ellas sólo aciertan a mostrar arrogancia. El buen practicante debe ser alguien que soporte con dignidad tanto lo bueno como lo malo que la vida le depare.

Un practicante experto de *Lo Yong* generalmente vive más feliz que cualquiera de los seres ordinarios que le rodean. Si padece un dolor de cabeza, procurará transformar esa experiencia desagradable en algo positivo y provechoso para todos. Una persona ordinaria, por el contrario, experimenta un sinfín de tensiones ya que, al tener este mismo dolor de cabeza, no sólo experimenta un sufrimiento físico sino que, al no saber transformarlo, su desesperación le propicia también sufrimiento mental. Una fuerte depresión puede, en ocasiones, incitar al suicidio pero para un practicante de *Lo Yong,* esa misma circunstancia puede pasar a ser un simple objeto de transformación que le despertará amor y compasión. El hecho de sufrir también debería servirnos para despertar nuestro deseo de salir cuanto antes de la existencia cíclica.

Todas las situaciones en las que nos movamos en esta vida han de servirnos para despertar nuestra mente de renuncia, nuestro amor, compasión y bodhichita. Siguiendo estas instrucciones podremos reducir considerablemente nuestro sufrimiento, ya que de esta manera tenemos nuestra mente ocupada en una actividad plenamente constructiva y evitamos así que ésta sea presa del dolor.

La manera de llevar las circunstancias adversas al camino por medio de las actividades extraordinarias de acumular y eliminar

Gueshe Chakawa indica:

> *Aplicar los cuatro preparativos es el método supremo.*

Los cuatro preparativos son: 1) acumular mérito, 2) eliminar las faltas, 3) ofrecer *tormas* a los espíritus que producen los obstáculos, 4) ofrecer *tormas* a los Protectores para atraer su actividad Iluminada.

Acumular mérito

Si a pesar de empeñarnos en trabajar por la felicidad y esquivar el sufrimiento, obtenemos sólo este último, es una clara indicación de que necesitamos acumular mérito. El Campo de Mérito a través del cual podemos acumularlo es el Lama, las Tres Joyas y los seres de los reinos inferiores.

Eliminar las faltas

Todas las dificultades que nos acosan en el presente son el fruto de las acciones negativas cometidas en el pasado. Para evitarlas hemos de purificar el mal karma que hemos venido acumulando. Cuantas más dificultades nos sobrevengan, más interés y empeño hemos de poner en nuestras prácticas de purificación. Desde tiempo sin principio hemos creado innumerables malas acciones por culpa de nuestro egoísmo e ignorancia. Para purificarlas y evitar que de esta manera nos sigan entorpeciendo en nuestro camino, hemos de aplicar los llamados cuatro poderes oponentes siguientes:

> *El poder del apoyo.* Consiste en recitar las oraciones de refugio en las Tres Joyas y de la bodhichita.

El poder del oponente. Consiste en hacer ofrecimientos a las Tres Joyas, meditar en la vacuidad o cualquier otra actividad virtuosa.

El poder del arrepentimiento. Puede decirse que es el más importante de los Cuatro Poderes. Consiste en que uno ha de sentir un sincero pesar por las acciones perjudiciales que ha cometido.

El poder de la determinación. Aquí la persona debe determinarse a no volver a repetir las acciones negativas de las cuales se ha arrepentido previamente.

Siempre que detectemos en nosotros cualquier falta de cuerpo, palabra o mente, hemos de aplicar sin dilación, al menos, los dos poderes últimos. Con un poco de habilidad en esta práctica podremos reducir e incluso eliminar en su totalidad las malas acciones cometidas así como la tendencia a cometerlas. Si no aplicamos los cuatro poderes después de haber creado una acción negativa, cualquier falta que hayamos realizado aunque sea leve y de poca importancia puede aumentar con el paso del tiempo hasta llegar a convertirse en muy grave.

Ofrecer tormas a los espíritus que producen los obstáculos

Para llevar las circunstancias adversas al camino podemos también ofrecer tormas a los espíritus que nos molestan y nuestros enemigos. Si no tuviéramos una torma real, podemos ofrecer una imaginaria y mientras lo hacemos recitamos: "Vosotros, espíritus que obstaculizáis mi práctica, sois muy amables porque en el pasado habéis sido mi madre en incontables ocasiones, y ahora, con vuestras molestias, me proporcionáis la ocasión de practicar paciencia y *dar y tomar,* por todo ello os hago este ofrecimiento; ojala experimentéis felicidad y os veáis libres del sufrimiento. Por favor, ayudadme a generar amor y compasión".

Ofrecer tormas a los Protectores para atraer su actividad Iluminada

Para tener éxito en nuestra práctica hemos de eliminar obstáculos y acumular méritos. Para obtener estas dos auspiciosas condiciones de "acumular y eliminar" hemos de confiarnos a los Protectores del Dharma y ofrecerles tormas. En el momento de ofrecérselas hemos de suplicarles que nos ayuden a eliminar los obstáculos que nos encontramos en nuestra práctica y a superar las enfermedades que nos aquejan en esta vida. Pero esto, por sí solo, no sería una práctica de Dharma completa, por ello cuando nos dirijamos a nuestro Protector hemos de suplicarle así: "Te suplico que por medio de tus bendiciones me ayudes a generar amor y compasión para que pueda servir a los demás".

Cómo Integrar la Práctica

Unificar toda la práctica espiritual en el espacio de tiempo de una vida

El texto de Gueshe Chekawa dice:

> *Esta breve y esencial instrucción debe realizarse desplegando*
> *las Cinco Fuerzas.*
> *Las Cinco Fuerzas son la práctica más importante*
> *de las instrucciones sobre la transferencia Mahayana.*

Las cinco fuerzas mencionadas son: 1) la fuerza de la intención, 2) la fuerza de la semilla blanca, 3) la fuerza de la purificación, 4) la fuerza de las oraciones de aspiración, 5) la fuerza de la familiaridad.

La fuerza de la intención

Al despertar por la mañana pensemos en lo afortunados que somos al no haber fallecido durante la noche: aún podemos seguir gozando de esta vida humana. Determinémonos a que no surja ni una sola emoción aflictiva hasta que logremos la Iluminación, o al menos, hasta el momento de nuestra muerte. Cada noche, antes de dormimos debemos recordar cuántas faltas hemos cometido durante el día y así aplicar el Poder del Arrepentimiento y el de la Determinación. Si hemos hecho acciones positivas nos regocijamos de ellas y nos proponemos a repetirlas al día siguiente.

La fuerza de la semilla blanca

Esta fuerza se refiere al esfuerzo para acumular mérito y sabiduría practicando generosidad, disciplina ética y meditando para despertar bodhichita si no la hemos generado previamente, para estabilizarla, o para aumentarla. "Semilla" es una metáfora empleada para referirse a la acción de acumular mérito, y "blanca" porque ese mérito es muy virtuoso. Una manera poderosa de acumular méritos es la práctica de los Seis Preliminares que se encuentra en el *Collar para los Afortunados*, en *Ganden Lagyema* o en la sadhana de *Prajnaparamita*.

La fuerza de la purificación

Todos los sufrimientos que padecemos es esta vida surgen de los engaños que, a su vez, han sido producidos por nuestro egoísmo y por la ignorancia que se aferra a la existencia intrínseca. Shantideva decía que si nos cortasen la cabeza no sería muy grave ya que esto afectaría sólo a esta vida; pero rendirse ante la fuerza del egoísmo y la ignorancia nos encadenará al sufrimiento no sólo de esta vida sino también de las futuras.

La fuerza de las oraciones de aspiración

Las oraciones de aspiración se llevan a cabo para poder generar la preciosa mente de la bodhichita, para estabilizarla y para aumentarla. Cuando realicemos estas plegarias debemos pensar que nuestras raíces de virtud, acumuladas por todas nuestras prácticas positivas, se mezclan con las virtudes de todos los seres ordinarios y superiores para conseguir cuanto antes la Iluminación.

La fuerza de la familiaridad

Esta fuerza nos enseña que debemos habituarnos *en todo momento* con las técnicas que nos llevan a generar la bodhichita. Si persistimos en ellas surgirá la preciosa bodhichita en nuestro interior. Gueshe Chekawa dijo:

> *Esta mente, repleta de faltas, tiene una gran cualidad:*
> *hace aquello que se le enseña.*

Cuando se aplican estas mismas fuerzas en el momento de la muerte se conoce como transferencia de consciencia (Tib. *powa*). Y aplicarlas en ese momento específico sería el *powa* mahayana. Su orden, en este momento variaría quedando de la manera que viene a continuación.

La fuerza de la semilla blanca

Debemos pensar: "Ahora ha llegado el momento de la muerte, pues mi karma así lo señala y no es necesario apegarme a ninguna de mis propiedades sino ofrecérselas a las Tres Joyas y a los seres que lo necesiten". El momento de la muerte es de suma importancia ya que determina nuestra vida futura. Hemos de evitar a toda costa que surjan en nuestra mente los tres engaños raíz durante el tiempo que dure este proceso. Cualquier idea que surja en nosotros en ese momento posee una extraordinaria fuerza que puede arrastrarnos detrás de ella. Se cuenta el caso de un monje que, estando muy apegado a su cuenco de pedir limosna, renació como una serpiente que vivía en el interior de ese mismo cuenco que dejó al morir. Deberíamos "soltar" el apego a los amigos, familiares, bienes y nuestro propio cuerpo.

Hemos usado nuestros cuerpos de manera errónea; hemos perseguido la victoria personal sin preocuparnos la derrota ajena, incluida la de nuestros propios padres y familiares, hemos despreciado a las Tres Joyas. En el momento de la muerte este mismo cuerpo se burla de nosotros y nos abandona.

Antes de que la muerte llegue, debemos aprovechar cualquier ocasión que se nos presente para hacer oraciones de súplica para liberarnos de los sufrimientos del samsara o al menos para obtener un renacimiento físico apropiado que nos permita continuar con una práctica de Dharma en vidas futuras.

La fuerza de la intención

Cuando llegue el momento de la muerte recemos de esta manera: "Ojala obtenga la bodhichita en esta misma vida y, si no es posible, que sea en el *bardo* o en el próximo renacimiento. Pueda yo encontrarme con un Guía Espiritual perfecto y renacer en cualquiera de las Tierras Puras".

La fuerza de la purificación

Debemos purificar el *karma* negativo acumulado y evitar que continúen surgiendo en nosotros los diferentes engaños. Pensemos: "Desde tiempos sin principio me he encontrado con sufrimientos e insatisfacciones de toda naturaleza y su causa no ha sido otra que mi actitud egoísta: debo separarme de ella y no caer más bajo su influencia".

La fuerza de la aspiración

Nos determinamos a no caer presa del egoísmo y a rezar para no separarnos de la bodhichita y la compasión.

La fuerza de la familiaridad

Mientras nos encontremos inmersos en el proceso de la muerte debemos meditar en las prácticas que nos conducen a la bodhichita. Es conveniente adoptar la postura corporal del león tumbado, igual que hizo Buda en el momento de su muerte. Nuestra cabeza debe orientarse en dirección al norte y el cuerpo tendido sobre el costado derecho, el dedo anular de la mano derecha debe taparnos el orificio nasal derecho y respiramos por el orificio nasal izquierdo. En esta posición llevamos a cabo la práctica del *dar y tomar* para encontrar la muerte en este estado.

El Éxito en Nuestra Práctica

La medida del éxito del adiestramiento en la bodhichita

En el texto de Gueshe Chekawa podemos leer:

Toda la práctica del Dharma se condensa en un solo objetivo.
Mantén el principal de los dos testigos.
Confía siempre en una mente feliz.
La más clara indicación de haberse adiestrado con éxito
es el poder invertir.
El signo de haberse adiestrado es haber alcanzado
las cinco grandezas.
Uno está adiestrado si puede practicar incluso
cuando está distraído.

Toda la práctica del Dharma se condensa en un solo objetivo

Buda legó numerosas enseñanzas de Sutra y Tantra; tiempo después aparecieron muchos comentarios acerca de ellas, pero el objetivo principal de todos ellos es eliminar el aferramiento a la existencia intrínseca. Si nuestra práctica cotidiana no consigue erradicarlo aunque sea mínimamente, significa que lo estamos haciendo mal, y si lo hace, si vemos que este veneno disminuye en nosotros, es signo de progreso.

Mantén el principal de los dos testigos

Los testigos de nuestros propios actos somos nosotros mismos y los demás. Si gracias a nuestro estudio, contemplación y meditación la gente que nos rodea comenta que hemos cambiado notablemente, es que nos hemos convertido en un buen practicante. Esto sería un signo de que nuestra práctica es efectiva, pero estas opiniones no son definitivas. Pero sólo nosotros mismos podemos saber a ciencia cierta cuales son nuestros propios pensamientos y las actitudes que adoptamos frente a ellos.

Confía siempre en una mente feliz

Si confiamos en el poder de la práctica siempre estaremos dispuestos a enfrentarnos ante cualquier circunstancia que nos sobrevenga. Cuando la enfermedad nos aflija debemos poner en práctica nuestro adiestramiento y no abandonarlo hasta que nuestra mente se sienta feliz y equilibrada. Si en circunstancias poco propicias conseguimos mantener una mente tranquila esto es señal de que hemos conseguido éxito en nuestro adiestramiento. Si por el contrario seguimos siendo presa del enfado, la envidia, etc., esto significa que nuestra práctica aún carece de la suficiente fortaleza. Gueshe Chekawa decía: "Si tu mente es víctima de los engaños y sigues pensando que eres un practicante de *Lo Yong*, eres un hipócrita".

La más clara indicación de haberse adiestrado con éxito es el poder invertir

"Invertir" quiere decir "cambiar" nuestras actitudes mentales negativas por respuestas positivas ante las situaciones externas o internas que se nos presenten: cambiar nuestra actitud egoísta por la de estimar más a los demás.

El signo de haberse adiestrado es haber alcanzado las cinco grandezas

La cualidad de la intención superior. Es decir, familiarizar nuestra mente con la bodhichita. *La cualidad del gran sostenedor de la disciplina moral.* Es la que posee quien observa la ley de causa y efecto. *La cualidad del gran yogui.* Es aquel capaz de meditar en la bodhichita convencional y última.

La cualidad del gran asceta. Es la propia del que soporta todas las dificultades mientras atraviesa cada uno de los senderos espirituales. *La cualidad de ser una gran persona virtuosa.* Ocurre cuando unimos nuestra mente con las actividades virtuosas del sendero mahayana.

Según el *Rosario Dorado* compuesto por Lama Tsong Khapa son las siguientes: 1) acumular mérito y purificar negatividades, 2) escribir enseñanzas mahayana 3) hacer ofrecimientos a las Tres Joyas, 4) practicar generosidad, 5) recibir enseñanzas mahayana, 6) recibir la transmisión oral de enseñanzas mahayana, 7) leer escrituras mahayana, 8) recitarlas, 9) estabilizar la concentración, 10) escuchar, contemplar y meditar en las enseñanzas mahayana.

Uno está adiestrado si puede practicar incluso cuando está distraído

Si un jinete no cae de su caballo cuando éste va al galope tendido es debido a su destreza en el arte de montar. De igual manera, si nos encontramos con situaciones en las que alguien abusa de nosotros, nos critica, o nos inflige algún daño, nunca responderemos con ira. Al contrario, sabremos que esta situación es el resultado de nuestras semillas negativas sembradas en el pasado y, por tanto, la aceptaremos con alegría al saber que estamos purificando.

Gueshe Sharawa

Los Compromisos

Los compromisos de la bodhichita

Adiéstrate en todo momento en los tres significados

1. *No contradecir los compromisos del adiestramiento de la mente*

No menospreciemos los votos de la Liberación Individual, los del Bodhisatva y los del Tantra.

2. *La práctica del adiestramiento de la mente no debería desviarse*

No deberíamos pensar que por practicar *Lo Yong* hayamos acabado con nuestra ignorancia y egoísmo y, en base a esto, ir a lugares que entrañen riesgo como una leprosería, juntarnos con personas dañinas pensando que ninguno de sus puntos de vista nos influenciará. Aun en el caso de que fuera cierto que tuviéramos elevadas realizaciones espirituales, deberíamos comportarnos siempre de manera que evitásemos hasta la más mínima molestia a nuestro alrededor. Je Tsong Khapa y Dromtompa mantenían en todo momento un comportamiento humilde.

3. *No practiques con parcialidad*

En nuestro adiestramiento mental no sólo hemos de pensar en beneficiar a nuestros amigos o familiares sino tener presentes a los extraños, a los animales y a los espíritus. Nuestro amor debe abarcar a todos los seres conscientes por igual. Cuando empleamos medios violentos para obtener lo que deseamos, nunca es del agrado de los demás. Si un amo maltrata sin consideración al animal de su propiedad, éste acabará detestándolo y rehuyéndolo, pero si por el contrario, despliega cariño hacia él, éste mostrará reconocimiento y se sentirá muy feliz a su lado. Si debemos emplear en algún momento la agresividad, ésta debe ser contra nuestro propio egoísmo.

4. *Adiéstrate siempre en las cinco cualidades distinguidas*

1) Mostrar respeto por las Tres Joyas, el Guru, de quien hemos recibido votos, Iniciaciones o enseñanzas, y por nuestros padres de quienes hemos recibido mucha amabilidad a lo largo de nuestra vida. Debemos sentir amor hacia todos los seres y vigilar nuestra relación con las personas que están más cerca de nosotros porque debido a nuestra familiaridad con ellas los engaños surgen más fácilmente. Hemos de adiestrarnos en generar una mente pura hacia todos los practicantes de Dharma, incluyendo a los seguidores de otras religiones. Es muy importante que entre practicantes espirituales no surjan sentimientos de envidia o competitividad.

2) No generar aversión hacia la gente que convive cotidianamente con nosotros.

3) No generar envidia hacia los que son iguales a nosotros.

4) No enfadarse con las personas que nos odian sin razón alguna.

5) No enfadarse con las personas que nos desagradan por cualquier motivo.

5. *No te dejes llevar por las condiciones*

Cuando se juntan todas las condiciones propicias entramos con facilidad en la práctica de Dharma, pero cuando nos topamos con el mínimo obstáculo lo abandonamos rápidamente. El buen practicante es aquel que soporta todo tipo de circunstancias.

6. *Permanece natural mientras cambias tu actitud*

Si llevamos a cabo fielmente la práctica de *Lo Yong* los engaños disminuirán y aumentará nuestro amor, compasión y sabiduría. Cuando esto suceda, no es necesario que cambiemos nuestra actitud por fuera, sino permanecer natural.

7. *No hables de miembros degenerados*

No deberíamos hablar de los defectos de los demás sin una buena razón que nos motive a ello. Tampoco debemos referirnos a sus posibles carencias espirituales.

8. *No pienses en las faltas de los demás*

En lugar de buscar faltas en los demás es mejor observar nuestros propios defectos, pues éstos son más difíciles de detectar. Tendemos a generar engaños hacia nuestros enemigos, amigos y personas que nos resultan neutras. Nuestra mente conceptual exagera las cualidades que vemos en el objeto y esto hace que se genere el apego y el odio. Si nos centramos únicamente en la persona que representa el papel de nuestro enemigo y pensamos en el daño que nos ha hecho, inmediatamente surgirá en nosotros el odio. Con el apego sucede lo mismo, si nos fijamos en las cualidades atractivas de un objeto al que consideramos hermoso, el pensamiento conceptual las exagera y brota nuestro apego. Es como si "meditásemos" sólo en sus virtudes y no viésemos sus defectos. De esta manera, nos cegamos ante su realidad objetiva.

Es mejor centrar nuestra atención en las buenas cualidades de todo el mundo.

9. *Abandona cualquier esperanza por la obtención de resultados*

Hemos de practicar por el beneficio de los demás pensando sólo en su bien. No deberíamos adiestrarnos esperando alcanzar resultados rápidos.

10. *Abandona la comida venenosa*

De la misma manera que evitamos comer alimentos en mal estado, evitemos escuchar, contemplar y meditar cuando nuestra motivación es negativa.

11. *No sigas el camino fácil*

Cuando alguien abusa de nosotros o nos hiere, el "camino fácil" al que accede nuestra mente es el del odio y la aversión. En lugar de dejarnos conducir por estas mentes negativas deberíamos responder con amor y paciencia.

12. *No emplees palabras duras*

No deberían salir de nosotros expresiones o palabras desagradables que dañen a los demás.

13. *No estés al acecho*

No nos beneficia en nada la venganza ni mantener un sentimiento de rencor contra nadie.

14. *No ataques los puntos sensibles*

No deberíamos señalar los defectos de otra persona dejándonos llevar por una mala motivación. Tampoco deberíamos señalar cualquiera de sus defectos delante de la gente.

15. *No pongas la carga de un dzo sobre los lomos de un toro*

Un *dzo* (cruce entre un yak hembra y un buey), es un animal tibetano muy fuerte que se emplea para el transporte de mercancías, por lo que no deberíamos poner lo que puede cargar este poderoso animal a lomos de un toro que en nada está acostumbrado a esos trabajos. Del mismo modo, si dejamos nuestras responsabilidades más desagradables para que otros las acometan no estaría bien.

16. *No participes en la carrera*

No deberíamos obsesionarnos en ser los primeros para conseguir lo mejor. Si hemos llevado a cabo un buen trabajo junto con otras personas no deberíamos alabarnos a nosotros mismos y olvidar los esfuerzos que también han aportado los demás.

17. *No conviertas a un dios en un demonio*

Trabajamos para reducir nuestro orgullo así como los demás engaños. Si como resultado de nuestra práctica ellos aumentan, estamos transformando un dios —las sagradas instrucciones de *Lo Yong*— en un demonio.

18. *No causes sufrimiento a otros por buscar tu propia felicidad*

Nunca pienses "Ojalá mis enemigos tengan dificultades" o "si mis padres fallecen seré el heredero". Hay muchas maneras de infringir daño a los demás sólo por satisfacer nuestra propia felicidad.

Gueshe Chekawa

Los Consejos

Los consejos de la Bodhichita

1. *Haz todos los yogas en uno*

Las actividades cotidianas, caminar, comer, trabajar, hablar, etc, deben unirse a las prácticas del *Lo Yong*. Lo más importante es beneficiar a todos los seres.

2. *Hay dos actividades básicas: la del principio y la del final*

Al levantarnos por la mañana deberíamos fijarnos una buena motivación y, antes de acostarnos, observar si las acciones efectuadas durante el día han sido significativas. En caso afirmativo debemos regocijarnos y, en caso negativo, debemos generar arrepentimiento y determinarnos a no incurrir en dicho comportamiento.

3. *Soporta el sufrimiento como soportas la felicidad*

Cuando los sufrimientos físicos o mentales, enfermedades y depresiones nos aflijan hemos de pensar que estamos recibiendo la maduración de las malas acciones cometidas en el pasado. Es el momento de usar la técnica del *dar y tomar*. Cuando la felicidad se nos acerque no generemos orgullo sino pensemos que esta felicidad mundana es una ilusión y que, además, la estamos experimentando gracias a la amabilidad de los demás seres, por ello, generemos agradecimiento.

4. *Protege los dos preceptos aún a costa de tu vida*

El primer precepto es el de guardar todos los votos que se han tomado a lo largo de la vida; el segundo es proteger los dieciocho compromisos contenidos en el *Lo Yong*.

5. *Adiéstrate en las tres dificultades*

Los engaños mentales son la verdadera causa de nuestra insatisfacción. Las tres dificultades a las que se hace mención son:

1) la dificultad de identificar los engaños.
2) la dificultad de aplicar el antídoto.
3) la dificultad de desenraizarlos.

Cuando surge una emoción aflictiva en nosotros hemos de reconocer que ésta se ha apoderado de nuestra mente. Después, para liberamos de su acción perjudicial hemos de aplicar su antídoto específico y, finalmente, aplicándonos con la energía necesaria, hemos de cortarla desde la raíz.

El mero hecho de saber que los engaños son fuerzas negativas que además de oscurecer nuestra mente nos traen sufrimientos ya es una gran realización espiritual, pues a continuación surgirá el deseo de buscar el modo de eliminarlos. Eliminar los engaños desde su raíz es un trabajo que sólo pueden hacer los Aryas. Nosotros, por el momento, sólo podemos aplicar los antídotos para ir reduciendo su pernicioso influjo sobre nosotros.

6. *Todo debe ser transformado en el sendero mahayana*

Nuestros actos deben estar motivados por el amor, la compasión y la bodhichita ya que así se transforman todas las actividades que realicemos en el sendero hacia la Iluminación. Esta altísima motivación es lo que hacía posible que cuando el Buda caminaba o hablaba por las aldeas de la India, las personas que lo miraban, escuchaban o se ponían en contacto con él, calmaban sus aflicciones mentales. Gueshe Chekawa rezaba así:

> *Que todos aquellos que me vean se iluminen.*
> *Que todo aquel que entre en contacto conmigo*
> *y hable conmigo pueda obtener la Iluminación.*

7. *Adiéstrate en acoger a todos los seres desde lo más profundo de tu corazón*

Debemos acoger en nuestra mente a todos los seres y no sólo a nuestros amigos y familiares queridos. Cuando Gueshe Chekawa se estaba muriendo, Gueshe Sechungua se acercó a su lecho y le pregunto: Maestro ¿cuál de tus deseos ha quedado por cumplir? Gueshe Chekawa le respondió: "Mis deseos no se cumplen porque me gustaría experimentar yo mismo en su lugar los sufrimientos que afligen a todos los seres, pero lo único que experimento ahora es la visión de la Tierra Pura".

8. *Reúne las tres causas principales*

Para escuchar, contemplar y meditar en las enseñanzas, necesitamos tres condiciones:

1) condiciones internas como la fe, la sabiduría, el esfuerzo, etc.
2) tener una relación cálida y sincera con un Guía Espiritual cualificado y
3) condiciones externas como tener facilidad para acceder a la comida, a una casa, ropa, etc.

9. *En primer lugar purificar el engaño más burdo*

Aunque debemos eliminar completamente todos los engaños mentales, hemos de comenzar por cortar el más preponderante.

10. *Mantén el punto principal*

La generosidad es muy importante pero aún lo es más la

disciplina ética que mantengamos a lo largo de todo el camino, pero el punto principal es la preciosa bodhichita.

11. *Familiarízate con las tres no degeneraciones*

No debe degenerar:

1) la fe en nuestros Lamas,
2) la atención y la rectitud en el cumplimiento de las disciplinas y
3) el desarrollo de la alegría practicando *Lo Yong*.

12. *Posee los tres inseparables*

1) El cuerpo no debe dejar de rendir homenaje y ofrecer su servicio al Lama y a las Tres Joyas.
2) la palabra no debe dejar de recitar oraciones de refugio, o las de tu Yidam.
3) la mente no debe nunca abandonar la bodhichita.

13. *Aplica los antídotos cuando no puedas practicar el Adiestramiento de la Mente*

Ante circunstancias adversas, nos vienen pensamientos como estos: "Desde que empecé la práctica del *Lo Yong* han aumentado mis engaños, cada vez soy más criticado, estoy más enfermo o me encuentro ante peores circunstancias". Así nos desanimamos y dejamos la práctica. Ante las circunstancias adversas no deberíamos culpar nunca a nuestro adiestramiento sino pensar de este modo: "Aunque estoy ante estas circunstancias desfavorables hay muchos otros seres que también las experimentan e incluso se encuentran en peores condiciones: "Ojala todos sus sufrimientos maduren en mí y toda mi felicidad madure en ellos".

14. *La práctica principal es la bodhichita*

Si pudiéramos ver nuestro pasado comprobaríamos con dolor que hemos estado vagando por la existencia cíclica desde un tiempo sin principio y encontrándonos continuamente con situaciones desfavorables. Ahora por fin nos hemos encontrado, aunque de manera efímera, con condiciones propicias y las debemos usar para despertar la bodhichita.

15. *No pienses erróneamente*

Paciencia errónea. Ocurre cuando no aceptamos los obstáculos que nos sobrevienen en la práctica del Dharma y en cambio sí aceptarnos las dificultades que se desprenden de la vida mundana.

Intención errónea. Es desear con fuerza obtener cosas materiales, etc., y no esforzarse en lograr la Iluminación.

Gusto erróneo. Significa no haber saboreado el gusto del Dharma por medio del estudio y la meditación y, en cambio, desear saborear los limitados placeres samsáricos.

Compasión errónea. Esta mente equivocada se da al generar un sentimiento de lástima hacia aquellos que se esfuerzan por practicar Dharma. Realmente nuestra compasión debe surgir ante aquellas personas que ponen todo su esfuerzo en las búsquedas mundanas.

Aspiración errónea. Es inducir a los que confían en nosotros a que persigan objetivos mundanos en vez de aconsejarles que sigan el sendero del Dharma.

Regocijo erróneo. El practicante ha de regocijarse ante sus acciones virtuosas y ante las que realicen los demás. Es un error regocijarnos del sufrimiento ajeno.

16. *No seas inconstante*

Debemos adiestrarnos en la constancia y no permitir que el ritmo de nuestra práctica y su pureza degeneren.

17. *Practica con esfuerzo*

Deberíamos abandonar cualquier duda y concentrar toda la energía necesaria para efectuar nuestra práctica. Lo más esencial es conocer la naturaleza de nuestros pensamientos, cómo surgen y la manera en que influencian nuestro cuerpo, palabra y mente.

18. *Libérate por el empleo de los dos antídotos: el análisis y la investigación*

Hemos de investigar y analizar todas nuestras acciones de cuerpo, palabra y mente; aquellas que estén en desacuerdo con el *Lo Yong* eliminémoslas y regocijémonos al emplearnos en aquellas que nos ayuden en la práctica.

19. *No seas jactancioso*

Si beneficiamos a alguien no es correcto jactarse por ello.

20. *No deberías ser propenso al enfado ni a la crítica*

Si nos critican y nos enfadamos con quienes lo hacen estamos actuando erróneamente. Tampoco debemos generar orgullo cuando alguien nos alabe.

21. *Practica constantemente*

Ashvagosha en su texto *Alabanzas a quien las merece* dice:

> *Esfuérzate en tu práctica de manera intensa*
> *pero con suavidad.*

Es decir, hay que ser perseverante y tenaz pero con la suficiente flexibilidad como para sostener una práctica continuada en el tiempo.

22. *No esperes gratitud*

No ayudemos a los demás esperando su agradecimiento o a que nos devuelva otro favor a cambio del que le hemos prestado.

"Debido a mis fervorosos deseos, después de haber soportado
multitud de obstáculos y haber sufrido mala reputación,
recibí estas instrucciones para controlar mi egoísmo e ignorancia.
Ahora, si muero, no albergo en mi corazón remordimiento alguno".

Estas líneas fueron escritas por Gueshe Chekawa al final de su *Adiestramiento Mental en Siete Puntos*, después de haber quedado plenamente satisfecho con los frutos de su práctica. Habiéndose dado cuenta de que el aferramiento a la existencia intrínseca y el egoísmo son los responsables de todos los sufrimientos que nos afligen, buscó sin denuedo unas enseñanzas hábiles para eliminarlos. Sin importarle las muchas dificultades que encontró ni la mala reputación que su vida de renuncia le acarrearon, puso en práctica las instrucciones que aquí se mencionan. Al final, sin ningún remordimiento, murió habiendo obtenido las preciosas realizaciones de un Bodhisatva.

Lama Je Tsong Khapa

La Bodhichita Última

Adiestrarse en la bodhichita última

En muchos tratados de Adiestramiento de la Mente, la vacuidad, la naturaleza última de la realidad, suele exponerse justo después de la explicación de la bodhichita convencional pero en *Rayos de Sol* se expone al final debido a que este texto sigue el sistema del *Lam Rim*. A este propósito el texto de Gueshe Chekawa dice:

> *Revela el secreto al que ha obtenido firmeza.*

Un practicante alcanza "firmeza" cuando ha adquirido experiencia de las prácticas preliminares y se ha adiestrado en la bodhichita convencional. Sólo después de estos dos requisitos debe un practicante entrenarse en la bodhichita última. Para llegar a la Iluminación se requiere la unión del método y la sabiduría. "Método" se refiere al amor, la generosidad, la compasión, la bodhichita, etc. mientras que "sabiduría" se refiere a la percepción de la vacuidad.

La bodhichita última es "una mente primaria que se encuadra dentro de la categoría de la sabiduría mahayana y que posee la cualidad de absorber la dualidad de todos los fenómenos". Un estado mental que observa unipuntualizadamente la naturaleza última de la realidad. Un ejemplo claro de ello lo podemos encontrar en un Arya Bodhisatva, capaz de comprender la vacuidad de una manera directa, sin la ayuda de una imagen mental.

La bodhichita convencional se centra en obtener el estado Iluminado para beneficiar a los demás, mientras que la bodhichita última focaliza su atención en aprehender y observar directamente la vacuidad, la verdadera manera en que existen todos los fenómenos.

Cuando el practicante tiene una experiencia real de la bodhichita convencional entra en el sendero de acumulación; cuando la tiene de la vacuidad entra en el sendero de la visión y se transforma automáticamente en un Arya Bodhisatva. Sin embargo, todo ello es resultado de un proceso gradual que aquí se presenta bajo tres apartados:

La persona a quien debe darse la enseñanza.
El momento en el que debe explicarse la bodhichita última.
La instrucción.

La persona a quien debe darse la enseñanza

Las instrucciones sobre la bodhichita última deben entregarse a alguien debidamente cualificado, pues si se impartieran a una persona inmadura podría llegar a malinterpretarlas. Para evitarlo es preciso entender el significado preciso de las palabras, "vacuidad", "vacío"[5]. De ninguna manera implican que nada existe. Malinterpretar el vacío puede hacemos caer en el nihilismo, el pensamiento de que nada existe, abandonando así la debida consideración por la ley de causa y efecto.

Para saber si un discípulo se encuentra maduro para recibir estas instrucciones debemos primero comprobar en él o en ella algunos signos. Si alguien reúne predisposición para recibir estas enseñanzas observaremos que se sentirá feliz al solo escucharlas, surgirán lágrimas en sus ojos y su mente estará totalmente abierta. El requisito mínimo es tener una fuerte aspiración para recibirlas.

---

[5] El lector puede referirse al libro *Ecos del Silencio Infinito* que trata extensamente del vacío, al ser un comentario al famoso *Sutra del Corazón*.

El momento en el que debe explicarse la bodhichita última

Estas complejas enseñanzas deben impartirse una vez que el practicante ha adquirido experiencia en los cuatro preliminares así como una cierta comprensión en la bodhichita convencional.

La instrucción

Gueshe Chekawa expone esta instrucción en cinco versos esenciales:

> *Piensa que todos los fenómenos son como sueños.*
> *Analiza la naturaleza no creada de la cognición.*
> *Incluso el oponente está libre de existir por su propio lado.*
> *Emplaza el sendero sobre la base de todo.*
> *Entre sesiones considera todos los fenómenos como ilusorios.*

El primer verso explica la ausencia de existencia intrínseca de todos los fenómenos, aquello que es aprehendido por la mente. En el segundo se pone de relieve la ausencia de existencia intrínseca de la mente, aquello que aprehende los fenómenos. En el tercero se explica la ausencia de existencia intrínseca del sujeto o "yo", el investigador. Estos tres versos explican la manera en que hemos de implicarnos en la meditación analítica del vacío. El cuarto verso indica que tenemos que meditar en la vacuidad sin permitir que aparezcan en nuestra mente la excitación o el hundimiento mental. Cuando meditamos analíticamente en la vacuidad llegamos a un punto en el que percibimos la ausencia de existencia intrínseca de todas las cosas, entonces es cuando aparece algo parecido a un vacío sobre el cual hemos de enfocar la mente. Esto sería alcanzar el equilibrio meditativo parecido al espacio. El quinto verso explica cómo debemos practicar entre cada una de las sesiones de meditación o "realización subsiguiente".

Puesto que es difícil llegar a comprender el sentido preciso y completo de la vacuidad por medio de estos cinco versos, Namka Pelsen proporciona una extensa explicación siguiendo las directrices marcadas por Lama Tsong Khapa que, a su vez, están de acuerdo con la visión de Nagaryuna.

Los seres están atrapados en samsara por culpa de la ignorancia que desconoce la naturaleza última de la realidad. Dicha ignorancia se proyecta hacia los fenómenos y hacia el "yo", la persona. Cuando dicha ignorancia se enfoca en el "yo", la denominamos *visión de lo compuesto y transitorio*. Esta ignorancia particular percibe al "yo" como si tuviese una existencia intrínseca y solo puede eliminarse desarrollando la sabiduría que percibe la naturaleza verdadera de este "yo": vacía de dicho tipo de existencia.

De todas las enseñanzas que legó el Buda, las más excelente de todas son los *Sutras de la Perfección de la Sabiduría* (skt: *Prajnaparamita*) porque en ellas explica la naturaleza última de la realidad de modo explícito y las prácticas concernientes al método de manera implícita.

Puesto que el vacío —o naturaleza última de la realidad— es muy profundo, no es algo que un ser ordinario pueda dilucidar por sus propios medios sino que debe apoyarse en las enseñanzas que provengan de una mente omnisciente. Si hay alguien que pueda exponer el verdadero significado ese es Nagaryuna, el cual fue designado por el propio Buda en sus profecías como el yogui que sería capaz de clarificar de manera correcta todas las enseñanzas que versan sobre la vacuidad.

> *Cuatrocientos años después de mi muerte aparecerá en el Sur*
> *de la India una persona denominada Nagar que revelará*
> *a todos los seres la naturaleza última del vacío.*

Efectivamente, Nagaryuna apareció cuatro siglos después y escribió seis textos de fundamental importancia estableciendo el sistema del Camino Medio (Skt: *Madhyamika*).

Su principal discípulo fue Aryadeva y ambos son considerados el padre y el hijo de la visión prasangika madhyamika, la que enseña a evitar los extremos del nihilismo y el eternalismo.

No hay otro método para llegar a la Liberación que el de la sabiduría que comprende la vacuidad. La sabiduría y la ignorancia o *visión de lo compuesto y transitorio* observan al mismo objeto –el "yo"– pero ambas lo aprehenden de manera diferente. La primera se enfoca en el "yo" lo reconoce tal y como existe en realidad; la segunda, cuando se enfoca en el "yo" lo aprehende de forma errónea: un "yo" con existencia propia e intrínsecamente real. Este objeto –el yo intrínseco– no existe.

Un "yo" que pueda existir intrínsecamente es, precisamente, el objeto de negación en la persona. Y un fenómeno que pueda existir intrínsecamente es el objeto de negación en los fenómenos. La ausencia de existencia intrínseca del "yo" es el vacío de la persona, y la ausencia de existencia intrínseca de los fenómenos es el vacío de los fenómenos.

Para percibir el vacío es muy importante identificar con precisión el "objeto de negación". El vacío se refiere a la ausencia de un tipo de existencia inexistente: la existencia intrínseca. No obstante, no deberíamos negar demasiado ni demasiado poco. Si refutamos demasiado caeremos en el extremo del nihilismo y fácilmente podríamos abandonar la ley de causa y efecto. Es imprescindible aprender a negar la existencia intrínseca de cualquier fenómeno sin negar el fenómeno en cuestión. Que un fenómeno no exista de manera inherente o intrínseca no quiere decir que no exista en absoluto.

Si, por el contrario albergáramos la idea de que todo existe de manera inherente, incurriríamos en el eternalismo. Nagaryuna estableció el Camino Medio, que establece la verdadera realidad en la que existen los fenómenos.

La visión correcta descansa en el camino medio, libre de la visión eternalista o de la visión nihilista. Cuando podemos sostener que los fenómenos *no existen inherentemente* nos apartamos del extremo del eternalismo y cuando comprendemos que los fenómenos *existen solo en base al nombre y al pensamiento*, nos separamos del nihilismo. Practicando la visión del Camino Medio mantenemos la unión del método y de la sabiduría, que es la causa de obtener el Cuerpo de la Forma de un Buda (Skt: Rupakaya) y el Cuerpo de la Sabiduría de Verdad de un Buda (Skt: Dharmakaya).

La segunda falta en la que podemos incurrir al refutar el objeto de negación, es la de negar menos de lo necesario. Las escuelas filosóficas budistas inferiores caen en este error porque todavía sostienen que el fenómeno posee *algún* tipo de existencia propia o intrínseca. Estas escuelas refutan el objeto de negación sólo de manera parcial.

Las dos escuelas del vehículo hinayana son la vaibhashika y la sautantrika. Las dos del vehículo mahayana son la chitamatra (sólo mente) y la madhyamika. Una vez desaparecido el Buda surgieron estas cuatro escuelas filosóficas debido a que distintos eruditos mantenían diferentes interpretaciones acerca de estas enseñanzas particulares del Buda.

Buda Sakyamuni enseñó *Los Cuatro Sellos Irrefutables*:

1) todos los productos son transitorios,
2) todos los productos son sufrimiento,
3) todos los fenómenos carecen de existencia intrínseca y
4) Nirvana es la paz.

Todas las escuelas filosóficas budistas aceptan como verdaderos estos cuatro sellos. El primero, el segundo y el cuarto, los interpretan de manera similar, pero el tercer sello, "todos los fenómenos carecen de existencia intrínseca", presenta distintas interpretaciones según cada escuela. Todas ellas entienden el término "existencia intrínseca" de modo diferente.

Para las escuelas hinayana, "todos los fenómenos carecen de existencia intrínseca" solo significa que la persona carece de un "yo" sustancial, que se autosostiene de manera independiente. Mantienen este punto de vista sólo en relación a la persona y no al resto de los fenómenos. Su visión, por tanto, es insuficiente para negar de forma correcta el objeto de negación. Según ellos, el objeto de negación, "sustancialmente existente", se refiere a que un fenómeno no necesita depender de ningún otro fenómeno para su existencia y si esto fuera así, significaría que la persona podría aparecer a la mente sin necesidad de depender de ninguno de los agregados de los que está compuesta. Si lo investigamos veremos que esto no es posible.

La escuela chitamatra o sólo mente fundada por Asanga, interpreta la ausencia de existencia intrínseca de dos maneras: ausencia de existencia intrínseca de las personas, y ausencia de existencia intrínseca de los fenómenos. Para esta escuela la ausencia de existencia intrínseca de la persona, el "yo", es similar a la de las dos escuelas hinayana. Pero además sostienen que los fenómenos carecen de cierto grado de existencia intrínseca. Para ellos las formas que percibimos y las cogniciones válidas por las cuales nos valemos para conocerlas *solo* están vacíos de provenir de una sustancia diferente; es decir el sujeto y el objeto provienen de una misma semilla kármica; tanto el sujeto que percibe como el objeto percibido *no* provienen de una sustancia diferente. Para esta escuela, que el objeto y el sujeto tengan una naturaleza diferente es el objeto de negación de los fenómenos. Sin embargo, su visión tampoco refuta completamente el objeto de negación.

La escuela madhyamika se divide en dos: la svatantrika madhyamika y la prasangika. La svatantrika mantiene una ausencia de existencia intrínseca del "yo" similar a las anteriores pero con respecto a los fenómenos sostiene que, a pesar de que éstos no existen de un modo intrínseco, tienen cierto nivel de existencia propia o de su propio lado. Esta escuela establece diferencias entre fenómenos que existen por su propio lado o por definición, y los que existen intrínsecamente. Según ellos, los fenómenos no se establecen *únicamente* gracias a una mente válida que los percibe sino que han de tener cierto nivel de existencia por su propio lado. Para ellos, toda consciencia sensorial que no se vea afectada por alguna causa de error, toma como su objeto un fenómeno que existe en cierto modo, por sí mismo, por definición. El objeto de negación para ellos es solo un fenómeno que *no* es designado en dependencia de que aparezca a una consciencia libre de error. Pero en cualquier caso, el objeto tiene un cierto nivel de existencia propia.

El punto crucial es que estas escuelas afirman que las cosas tienen cierto nivel de existencia propia. Mantienen que si se analiza bien un objeto, encontraremos siempre algo a lo que podremos señalar y decir: "Éste es el objeto". Mantienen también que la ignorancia y la *visión de lo compuesto y transitorio* son engaños formados intelectualmente y no innatos en la persona. La escuela prasangika madhyamika niega la mayoría de los puntos defendidos por estas escuelas.

Según la escuela prasangika madhyamika hay dos tipos de ignorancia: la formada intelectualmente y la innata. Y esta última es la raíz del samsara

Un engaño formado intelectualmente es un error que surge cuando se sostienen determinadas visiones de sistemas filosóficos erróneos. Por ejemplo, pensar que sacrificando la vida de animales podremos llegar a la Iluminación sería un error intelectualmente formado y que vendría originado al involucrarnos en un determinado sistema filosófico que sostuviera esas prácticas. Decir que la *visión de lo compuesto y transitorio* es un engaño formado intelectualmente es erróneo ya que sólo estaría presente en aquellos que siguen determinados sistemas filosóficos, pero lo cierto es que incluso los animales mantienen esta actitud.

Como ya se ha comentado, la *visión de lo compuesto y transitorio* es un aspecto de la ignorancia; un conocimiento engañosos del "yo" y lo "mío". Tiene como su objeto el "yo" convencional y válido, pero lo malinterpreta al darle una existencia inherente de la que, en realidad, carece. Esta visión es innata en todos los seres al nacer y está siempre presente. Todos los engaños formados por el intelecto se abandonan cuando entramos en el sendero de la visión. Si el objeto a refutar fuese sólo el aprehendido por la ignorancia formada intelectualmente lo que se niega sería demasiado poco.

Según la escuela prasangika madhyamika los términos que se refieren al objeto de negación o dicho de otra manera, aquello que debe ser negado son: la existencia verdadera, la existencia por definición, la existencia intrínseca, la existencia independiente, existencia por su propio lado o existencia natural. Las demás escuelas *no* sostienen que estos términos sean sinónimos, y puesto que hacen distinciones entre los objetos de negación, lo que niegan es parcial y no total.

Para realizar la vacuidad es imprescindible identificar claramente el objeto de negación, que lo investiguemos detenidamente y lo refutemos a continuación. Nagaryuna decía en su *Guirnalda Preciosa*:

> *Mientras sigas confundiendo los agregados*
> *Confundirás el yo en base a ellos.*
> *Si esta concepción del yo existe,*
> *Hay acción que resulta en nacimiento.*

Mientras sigamos confundiendo nuestros agregados –cuerpo, sensaciones, discernimiento, factores composicionales y consciencia– dotándoles de una existencia intrínseca de la que carecen, resultará imposible dejar de aprehender el "yo" como una entidad que existe de modo inherente, intrínseco. Si no logramos eliminar esta ignorancia no conseguiremos atravesar el camino que conduce fuera de los límites del samsara.

Para desenmascarar esta ignorancia primero hemos de identificar el "yo" intrínseco. Hemos de saber que todos los fenómenos son meramente imputados por el pensamiento y que sólo existen en dependencia de causas y condiciones. Aunque los fenómenos en realidad *existen* así, la naturaleza de su existencia no es *inherente* o intrínseca como creemos. El resto de escuelas filosóficas no son capaces de reconocer que el fenómeno existe en dependencia de la imputación del pensamiento. Afirman que si los fenómenos se investigan y "encuentran", son existentes y si no se encuentran, no lo son. No aceptan que los fenómenos existan sólo en dependencia del mero pensamiento y que puedan funcionar de tal manera. Chandrakirti, el filósofo budista que clarificó el pensamiento de Nagaryuna, sostiene de igual manera que los fenómenos existen en función del pensamiento y que en base a esto se puede establecer el sujeto, la acción y el objeto.

Un "yo" intrínseco sería un "yo" que no dependería de partes, condiciones o causas, sería algo que habría existido siempre de una manera independiente, lo cual es imposible. En realidad, todo lo que percibimos existe sólo en dependencia de nuestro pensamiento. *El Sutra de las Preguntas de Upali* señala:

> *La variedad de flores y los magníficos castillos dorados no son*
> *creados por nadie, son designados por el pensamiento,*
> *ya que el mundo es postulado por la fuerza del pensamiento.*

Isidro, por ejemplo, existe en dependencia de los cinco agregados que lo forman, y sobre ellos podemos imputar el término Isidro, el cual es válido y funcional, pero no deja de ser un mero nombre imputado en dependencia de sus cinco agregados. Un jarrón existe en dependencia de sus partes sobre las cuales hemos etiquetado un nombre. No encontraremos ni un fenómeno que exista *sin* depender de sus bases.

Para ilustrar cómo los fenómenos son meras designaciones que dependen de sus bases, se suelen citar varias analogías: la ilusión de un mago, y la cuerda y la serpiente.

Antiguamente en la India los magos podían transformar un trozo de madera en un elefante usando en sus ilusiones sustancias especiales mientras recitaban mantras.

Cuando en una de estas funciones aparecía el elefante, los que formaban parte del público tenían diferentes percepciones acerca del mismo: aquellos espectadores, cuyos ojos se veían afectados por las sustancias especiales, percibían un elefante y su concepción se aferraba a lo que percibían. Aquellos cuyos ojos no habían sido afectados por tales sustancias, ni percibían un elefante ni se aferraban a ello; solo veían un trozo de madera. Por último, al mago le aparecía el elefante, pero su mente no se aferraba a dicha apariencia ni a las emociones que le despertaba, sabía sin lugar a dudas que aquello que veía no era más que una ilusión.

Cualquier persona que no ha realizado el vacío directamente es como los espectadores del espectáculo, para ella todos los fenómenos aparecen como intrínsecos y se aferra a estas apariencias ilusorias como si *ellas* tuvieran una existencia propia.

A una persona que ha destruido completamente el aferramiento a la existencia intrínseca, –un Buda–, los objetos no aparecen con existencia intrínseca y en absoluto se aferra a la existencia de estas apariencias falsas.

Por último, aquella persona que tiene un cierto nivel de experiencia en la vacuidad, los fenómenos *aparecen* con existencia intrínseca, sin embargo, al saber que son una mera ilusión, *no se aferra a esta apariencia*. Es como el mago al que le aparece el elefante pero *sabe* que no existe como aparece.

Si nos encontramos con una cuerda gruesa en la oscuridad nuestra primera impresión será la de asustarnos al confundirla con una serpiente. Sólo hay una cuerda rayada, pero nuestra percepción errónea nos hace ver una serpiente. Igual que sucede con este ejemplo, nuestra errónea percepción, nos hace concebir el mundo de una manera errónea.

El punto principal a entender es que el "yo" y los fenómenos no existen tal y como los aprehendemos. Considerar que tienen una existencia intrínseca, propia o por definición, es producto de una mente errónea. Una persona o fenómeno que no dependan de causas, partes y condiciones constituye el objeto de negación.

Cuando meditemos en la vacuidad es de vital importancia que no confundamos el objeto que aprehende la ignorancia formada intelectualmente, con el de la ignorancia innata que ya hemos explicado. Esto significa que debemos refutar la idea errónea del "yo" que marca un determinado sistema filosófico, y una vez refutada esta idea errónea pasar más adelante y eliminar el objeto de negación de la ignorancia innata. El "yo" intelectualmente formado se refiere al que mantienen las escuelas y religiones no budistas que creen, por ejemplo, en la existencia de un "yo" permanente, una especie de alma estática. Esta visión es relativamente fácil de refutar. Si queremos conocer más detalles sobre este tema hemos de estudiar el *Lam Rim Extenso,* textos del Camino Medio y confiarnos en un Guía Espiritual que nos explique y nos ayude en la comprensión de todo ello. Un gran erudito indio, Sengye Sangpo, ya señaló:

Para comprender perfectamente el vacío hemos de seguir
las instrucciones de nuestro Guía Espiritual y estudiar
con él textos madhyamikas durante largo tiempo para así poder
entender adecuadamente cada una de estas explicaciones.

La raíz del samsara es la *visión de lo compuesto y transitorio* porque aprehende el "yo" y lo "mío" como entidades intrínsecas y, en base a ello, creamos acciones cuyo resultado es renacer en la existencia cíclica. Este aferramiento es el responsable de que se genere apego hacia los amigos y familiares, y odio hacia los enemigos. Es importante pensar una y otra vez en el proceso por el cual estamos encadenados a la existencia cíclica.

Recuerda: la *visión de lo compuesto y transitorio* observa el "yo" convencional, que existe, sin embargo lo aprehende como un "yo" con existencia intrínseca. Por ello necesitamos un sendero que observe a este "yo" de la manera en que existe de verdad —carente de dicha existencia. Este sendero es el de la sabiduría que comprende la vacuidad. El famoso erudito Dharmakirti señalaba a este propósito:

> *Puesto que el amor y demás no contrarrestan directamente*
> *la ignorancia, no pueden eliminar ese grave error.*

Cómo establecer las dos ausencias de existencia intrínseca

Etapas para establecer la ausencia de existencia
intrínseca.
La manera de establecer la ausencia de existencia
intrínseca.

Etapas para establecer la ausencia de existencia intrínseca

Es más fácil establecer la ausencia de entidad intrínseca si empezamos buscando el yo. En el *Sutra Breve de la
Perfección de la Sabiduría* se dice:

> *Al igual que comprendes la ausencia de existencia intrínseca en ti,*
> *entiéndelo en todos los seres conscientes; al igual que lo entiendes*
> *en todos los seres conscientes, entiéndelo igualmente*
> *en todos los fenómenos.*

La manera de establecer la ausencia de existencia intrínseca

Establecer la ausencia de existencia intrínseca de la
persona.
Establecer la ausencia de existencia intrínseca de los
fenómenos.
La manera de sostener la mente en equilibrio
meditativo sobre la vacuidad.
Observar todos los fenómenos como una ilusión.

Establecer la ausencia de existencia intrínseca de la persona

Establecer la ausencia de existencia intrínseca del "yo".
Establecer la ausencia de existencia intrínseca de lo
mío.

Para algunos seguidores vaibhashika los cinco agregados son la persona, mientras que para otros la persona es la mente misma. Los chittamatrin sostienen que no hay seis conciencias, –las cinco sensoriales más la mental– sino ocho, y una de ellas, la *conciencia que es la base de todo,* es en sí la persona. Los svatantrika madhyamika sostienen que la persona es el continuo de la mente. En cualquier caso todas estas escuelas sostienen que la persona es "algo que puede ser encontrado". Sostienen que la persona es una mera imputación que se hace en dependencia de los agregados físicos y mentales pero que su representación debe ser algo sustancialmente existente. Afirman que se puede encontrar un "yo" intrínseco entre los agregados o en su conjunto; y si dicho "yo" no tuviera una existencia intrínseca, no existiría en absoluto.

Según la escuela prasangika el objeto que observa la *visión de lo compuesto y transitorio* no lo forman los cinco agregados, sino el mero "yo" que surge espontáneamente, que lo tenemos todos, –incluso los mismos Budas–, y que es imputado en dependencia de los agregados de la persona. Nadie piensa que la cabeza o el brazo son el "yo". En todo caso, en base a ellos pensarás, "mío". Por tanto, el conjunto de los cinco agregados no son la persona. Un coche, por ejemplo es algo que ha sido imputado en dependencia de sus partes y éstas, cada una por separado, no son el coche. Buda dijo:

> *Al igual que hablamos de un carro en dependencia*
> *de sus partes, convencionalmente hablamos de un "ser consciente"*
> *en dependencia de sus agregados.*

Cuando percibimos la totalidad de una persona nos parece que está allí, existiendo en alguna parte dentro de ella, pero si la buscamos no la encontramos. La cabeza no es el "yo", ni tampoco cada una de las partes por separado, que solo constituyen su cuerpo. Tampoco lo es las distintas partes que conforman la mente, ellas solo pueden ser la base de imputación del "yo", nada más. Por tanto, si el "yo" no se encuentra en cada una de las partes por separado, ¿cómo podemos decir que se encuentra en el conjunto de todas ellas? Nunca encontraremos algo sólido a lo que podamos señalar y decir que esa es la persona o el "yo".

La persona es designada en dependencia de los cinco agregados y sólo en base a ellos existe la identidad de este "yo". Los agregados son solo la base de imputación para poder decir válidamente "yo". Saber que el "yo" aparece *en dependencia* de los agregados nos ayuda a establecer que es vacío de existencia intrínseca.

Establecer la ausencia de existencia intrínseca del "yo"

Tanto el "yo" como "lo mío" carecen de existencia intrínseca, no existen por su propio lado. Para llegar a esta afirmación hemos de seguir el razonamiento lógico denominado, la carencia de singularidad o pluralidad. Es preciso investigar si el "yo" existe inherentemente siendo uno con los agregados o siendo inherentemente diferente de ellos. Por regla general, todos los fenómenos están formados por partes, ni uno solo carece de ellas. Si los fenómenos existieran de manera inherente necesariamente deberían ser *uno* y lo mismo con las partes que lo integran, o diferentes de ellas. Si no tienen ninguna de estas dos características, *no* existen inherentemente.

Los cinco agregados son la base de imputación del "yo". Si ese "yo" existe por su propio lado, o ha de ser uno y lo mismo con ellos, o ha de ser diferente. Si se investiga a fondo comprenderemos que ni es inherentemente uno, ni diferente de los agregados que lo forman, en consecuencia, el "yo" no existe intrínsecamente. Si existiera por su propio lado, siendo uno con los agregados, ello supondría varias inconsistencias:

1) Si el yo fuese inherentemente uno con sus agregados Los dos, –el "yo" y los agregados–, tendrían que ser observa-

dos como una sola cosa. No podríamos percibir el "yo" y los agregados como dos cosas diferentes, no podrían separarse. Tanto el modo de existencia como el modo de apariencia deberían estar en armonía.

2) Si el yo fuese inherentemente uno con sus agregados habría más de un "yo". Puesto que hay cinco agregados debería haber cinco "yoes". O viceversa, no existiría un conjunto de agregados, sino que serían todos uno sólo.

3) Si el yo fuese inherentemente uno con sus agregados tendríamos que sostener que cuando los agregados se destruyeran el "yo" perecería con ellos. Es decir, la persona sería creada con los agregados y desaparecería con ellos. Si lo que es creado y destruido existe de modo inherente, tanto la persona como los agregados tendrían que ser de la misma naturaleza o de naturaleza diferente, y las dos alternativas son inaceptables e imposibles.

Si fuesen inherentemente lo mismo, la persona de esta vida y de las previas serían uno y lo mismo. Es decir, si tú y la continuidad de tu vida previa fueran lo mismo, habrías nacido en esta vida sin haber fallecido en la previa, porque serías uno e inseparable con la persona que eres en esta vida. Nagaryuna en su texto *Sabiduría Fundamental* escribe:

> *No hay "yo" aparte del que se designa en base a los agregados*
> *contaminados. Si los agregados contaminados fuesen el "yo",*
> *tu "yo" desaparecería (tras la muerte).*
> *Si aquel dios naciera como este hombre, dicha persona*
> *sería permanente.*

Y si la persona del pasado y la del presente fuesen de una naturaleza diferente, sería imposible que hubiera conexión alguna entre las dos. Los actos que el yo del pasado crease no los recibiría el yo del presente. Ser de naturaleza intrínsecamente diferente implica que no puede haber relación con otra condición. *El Suplemento* señala:

Lo que sea que exista intrínsecamente,
de ningún modo puede pertenecer a una continuidad.

Una vez comprobado las falacias de sostener que el yo y los agregados son una misma entidad pasamos al siguiente punto: ver si el "yo" es inherentemente diferente de los agregados. En este caso no habría relación alguna entre uno y los otros.

Si fuesen inherentemente diferentes nunca podrían llegar a constituir una misma entidad pues la diferencia inherente en su naturaleza no lo permitiría. Sería imposible que hubiera una relación de causa y efecto entre ellos pues existir de manera inherente significa que el fenómeno no depende de nada para su subsistencia.

1) Si el "yo" y los agregados fuesen intrínsecamente diferentes, no habría relación alguna entre esta vida y la pasada. Sería imposible recordar vidas pasadas, lo cual estaría en contradicción con las escrituras, los razonamientos y la percepción válida. Si el yo de hoy fuera inherentemente diferente del de ayer sería imposible recordar los actos previos de esta vida. Significaría también que los méritos acumulados en el pasado no servirían de nada porque no experimentaríamos su resultado. Es decir, el continuo futuro de la persona que creó los méritos no recibiría sus resultados. Y los resultados que ahora experimentamos serían de causas que nosotros no habríamos cometido.

2) Si el "yo" fuese inherentemente diferente de los agregados, cuando éstos surgen, se establecen y se desintegran, al "yo" no le sucedería ninguno de estos acontecimientos. Al ser diferentes por completo no habría relación alguna entre ellos. Serían tan diferentes como un caballo y una vaca. Cuando el cuerpo estuviera sufriendo, el "yo" podría no sufrir. Si el "yo" carece de la característica de surgir, morar y desintegrarse significaría que es un fenómeno permanente, lo cual es absurdo.

3) Si el "yo" fuese inherentemente diferente de los agregados, se podría percibir y concebir el "yo" sin necesidad de que aparecieran los cinco agregados. Como señala el *Suplemento*:

Así pues, no hay un yo aparte de los agregados porque dicho
yo no puede ser concebido sin depender de ellos.

Una vez has comprobado las falacias de sostener que los agregados y la persona son de la misma o de diferente naturaleza intrínseca percibirás el vacío del yo, el cual será tu objeto de concentración.

Establecer la ausencia de existencia intrínseca de lo mío

En primer lugar surge la *visión de lo compuesto y transitorio* que observa al "yo" como una entidad intrínseca, a continuación esta ignorancia pone en marcha el sentido de aferramiento a la existencia intrínseca observando las cosas que le rodean: "mis ojos, mi cabeza, mi vida, etc.". Para comprender la naturaleza última de lo que tomamos por "mío" hemos de identificar en primer lugar el objeto aprehendido por esta visión errónea y luego refutarlo. Usamos el mismo razonamiento previo, (singularidad o pluralidad). Cuando eliminamos el objeto que aprehende la visión de lo *compuesto y transitorio* –"lo mío"–, también se eliminará la mente errónea que observa "lo mío" como una entidad intrínseca. La *Sabiduría Fundamental* señala:

Si el "yo" no existe de manera inherente
¿Cómo va a existir de ese modo lo "mío".

La Perfección de la Sabiduría Condensada dice:

Si el yo carece de existencia intrínseca,
entiende que cada ser consciente es igual.

Si cada ser consciente carece de existencia intrínseca,
Entiende que todos los fenómenos son igual.

Establecer la ausencia de existencia intrínseca de los fenómenos

"Fenómenos" aquí se refiere a los cinco agregados, los dieciocho elementos y las doce fuentes, que también aparecen en el *Sutra del Corazón*[6]. Es importante que identifiquemos el objeto que se ha de negar para así poder llegar a una clara comprensión acerca de él. Para ello es preciso utilizar los mismos razonamientos que hemos venido siguiendo en las secciones previas.

Si estos fenómenos existen de modo intrínseco, o son uno con las bases respectivas que los forman o, por el contrario, totalmente diferente de ellas. Todo fenómeno existe en dependencia de otros fenómenos, y ni uno solo existe sin depender de sus partes. Un fenómeno que no depende de partes es algo que no existe.

Los cinco agregados dependen de sus bases de imputación así como de la cognición válida del que observa. Hemos de establecer inicialmente que todo fenómeno es un poseedor de partes y que depende totalmente de ellas. Analicemos si, por ejemplo, un "vaso" existe siendo inherentemente uno con las partes de las que consta o si por el contrario es inherentemente diferente de ellas. Si no existe de ninguna de estas maneras mencionadas carece de existencia intrínseca.

Es preciso investigar si la base de imputación del vaso —las partes que lo componen—, son inherentemente uno con el fenómeno imputado —"vaso"—. Si fuesen inherentemente diferentes no existiría relación alguna entre la base de imputación y el fenómeno imputado por lo que quedaría probada su falta de existencia inherente.

---

[6] Ver el comentario de Isidro Gordi, *Ecos del Silencio Infinito*, publicado por Ediciones Amara.

Una casa no existe inherentemente ya que depende de causas y condiciones que se reúnen para que surja -el suelo, los ladrillos, el cemento, el trabajo, la madera, etc. No existe ni un solo fenómeno que no dependa de causas, condiciones, partes, etc. Y si algo depende de otros factores indica que *carece* de existencia inherente.

Ningún fenómeno puede existir en dependencia de causas y a la vez existir de un modo intrínseco. Los fenómenos carecen de existencia intrínseca porque son una mera relación dependiente.

Sin ninguna excepción, desde nuestro cuerpo hasta la suprema mente omnisciente de un Buda, todos los fenómenos son de naturaleza vacua. Nunca ningún fenómeno ha existido inherentemente en el pasado, ni lo hace en el presente, ni lo hará tampoco en el futuro. La ausencia de existencia intrínseca o vacuidad de todos los fenómenos y las cosas no es un invento del Buda sino la naturaleza última de todo fenómeno. Cuando se manifiesta un fenómeno, al mismo tiempo surge su ausencia de existencia intrínseca. Si los fenómenos pueden establecerse como existentes gracias a su relación dependiente, significa que la vacuidad refleja la existencia dependiente.

La manera de sostener la mente en equilibrio meditativo sobre la vacuidad

Una vez usados los razonamientos que nos llevan a la comprensión de la vacuidad, hemos de aprender a estabilizar nuestra mente en el resultado de nuestra investigación: la ausencia de existencia intrínseca. Con respecto a la manera en la que debemos emplazar la mente existen varias interpretaciones. Algunos sostienen que hemos de meditar en una especie de "nada", sin dar importancia al objeto de negación: la existencia intrínseca. Por mucho que meditemos en esto nunca realizaremos el auténtico vacío.

Si tratamos de meditar en la ausencia de existencia intrínseca del "yo", el objeto que observa la *visión de lo compuesto y transitorio* es el mero "yo", el que existe convencionalmente, mientras que el objeto aprehendido es un "yo" intrínseco. Puesto que dicha mente aprehende el "yo" de una manera errónea, ese "yo" intrínseco es el objeto aprehendido por la ignorancia que se aferra a la existencia intrínseca de la persona. Cuando logramos rechazar esa existencia intrínseca, quedará por un lado el mero "yo" tal y como existe pero, por el otro, quedará la *ausencia de existencia intrínseca del yo falso* que es, precisamente, donde se debe enfocar la mente. La vacuidad es una "negación no afirmativa".

Para realizar directamente la vacuidad es imprescindible poseer Permanencia Apacible, y utilizar esta concentración perfecta para experimentar la vacuidad. Hay seis condiciones indispensables que han de reunirse para generar esta concentración:

1) el lugar de retiro debe ser tranquilo y sano,
2) tener pocos deseos,
3) contentarnos con lo que tenemos,
4) abandonar cualquier otro tipo de actividad,
5) mantener disciplina ética,
6) cortar con los obstáculos internos.

Para desarrollar Permanencia Apacible es necesario eliminar la excitación, el hundimiento mental, y emplazar la mente sobre el objeto de nuestra meditación. Cuando la mente está enfocada, hay dos puntos importantes a considerar: la estabilidad y la claridad. Cuando la mente se estabiliza sobre el objeto existe el peligro de que surja el hundimiento mental, y cuando surge la claridad corremos el riesgo de caer en la excitación. A fin de evitar estos obstáculos hemos de estar alerta. La vigilancia observa la calidad de la mente cuando ésta se concentra. Para alcanzar la Permanencia Apacible hemos de atravesar nueve etapas y para ello necesitamos los seis poderes y los cuatro empeños. (Para una explicación más detallada ver el texto *Senda de Luz*).

Emplazar la mente sobre el objeto. Lograr esta etapa depende del poder de la escucha. Durante esta primera etapa la mente no está quieta, se distrae y, por ello, hemos de llevarla hacia el objeto de meditación.

Emplazamiento continuado. La mente va teniendo más poder para permanecer sobre el objeto. Esta etapa se obtiene gracias al poder de la contemplación. Durante estas dos primeras etapas usamos el empeño de la atención firme.

Volver a emplazar. Aquí, cuando descubrimos que la mente se separa del objeto, la volvemos a emplazar de nuevo sobre él con gran facilidad. Usamos el poder de la atención.

Emplazamiento cercano. Se obtiene por medio del poder de la atención.

Controlar. Se consigue gracias al poder de la vigilancia.

Pacificar. Se consigue gracias al poder de la vigilancia.

Pacificación completa. Se logra por medio del poder del esfuerzo. Desde la tercera etapa hasta la séptima hemos de poner en práctica el empeño de la atención interrumpida.

Emplazamiento en un punto. Para conseguir esta etapa se usa el poder del esfuerzo. Llegados a este punto podemos permanecer mucho tiempo sobre el objeto sin interrupción. El empeño necesario a poner en práctica es el de la atención ininterrumpida.

Emplazamiento en equilibrio. Lo hace posible el poder de la familiaridad con el objeto de meditación y el empeño denominado, atención espontánea. Aquí nada puede distraemos de nuestra concentración, sin embargo no se ha logrado aún la etapa final. De este estado surge una flexibilidad física y mental para el meditador que es el signo de que se ha alcanzado la auténtica Permanencia Apacible.

Una vez alcanzado este estado, y para obtener posteriormente el logro de la Visión Superior, debemos hacer meditación analítica sobre la vacuidad hasta que obtengamos una flexibilidad física y mental todavía más especial que las obtenidas anteriormente. A partir de entonces la meditación analítica ayuda a la concentración y viceversa de modo que, cuando los dos tipos de meditación forman un sólo cuerpo, esto sería la Visión Superior o la sabiduría que surge de la meditación. Esta mente tan poderosa puede cortar todos los engaños mentales.

Observar todos los fenómenos como una ilusión

La meditación sobre la vacuidad se denomina "parecida al espacio" y una vez concluida ésta entramos en la etapa denominada del "logro subsiguiente". En meditación quedamos plenamente convencidos de que todo carece de existencia intrínseca. Fuera de la meditación no es necesario que continuemos usando razonamientos adicionales, es suficiente con aplicar la experiencia de nuestra meditación a la vida cotidiana.

El primer paso para comprender que todos los fenómenos son como una ilusión es entender intelectualmente lo que es la vacuidad pero no es imprescindible que la hayamos realizado experiencialmente.

Hay dos maneras de interpretar el término "ilusión": que las cosas aparezcan *como* ilusiones, o que sean *realmente* una ilusión o espejismo. Es decir, el modo perfecto en que las cosas aparecen como ilusiones y el modo artificial en que las cosas aparecen como ilusiones.

Cuando después de meditar en lo que pensamos que es la vacuidad pero que, en realidad, es la "nada", tenemos la impresión de que desaparece la sustancialidad de las cosas, casas, montañas, etc. Estas apariencias no serían las ilusiones perfectas a las que nos referimos. Algunos eruditos y yoguis del pasado malinterpretaron el significado de "ilusión". Sostenían que cuando un hombre o una mujer aparece ante nosotros es como un elefante creado por un mago. Pensaban que, igual que el elefante, el hombre o la mujer aparece ante nosotros pero están desprovistos de ser un hombre o una mujer. Afirmaban que el cuerpo y el resto de agregados, aparecen pero no son ni el cuerpo ni los agregados. Caían en el extremo del nihilismo porque no hacían un examen adecuado del objeto de negación. Al no investigar correctamente la diferencia existente entre el objeto que aparece y el objeto tal y como existe, llegaban a conclusiones erróneas. Si no refutamos correctamente el objeto de negación podemos llegar a pensar que estamos negando la carencia de existencia intrínseca cuando, en realidad, negaremos que los fenómenos existan y esto sería un grave error: estaríamos negando la base de imputación y no el objeto de negación.

Para llegar a ver correctamente que las cosas son *como* una ilusión nos hemos de valer de las analogías del espejismo y la piedra del mago que se transforma en un elefante. *El Sutra de la Perfección de la Sabiduría* lo pone así:

> *Por ejemplo, cuando se dice que la verdad última es ilusoria,*
> *se interpreta en el sentido de que, aunque las cosas existen,*
> *su verdadera existencia se niega.*
> *Otra interpretación es que, siendo las cosas vacías,*
> *ellas pueden aparecer y dicha apariencia es ilusoria.*
> *De las dos, la última es la correcta.*

Gracias al poder de la interdependencia, los rayos del sol y la arena, podemos percibir un agua ilusoria. Estamos convencidos de que existe el agua pero no es cierto, sólo aparece en dependencia de las causas y fenómenos que la forman, pero en este sentido, es una ilusión. Igualmente, todos los fenómenos aparecen ante nosotros, pero existen sólo en dependencia de causas, condiciones determinadas, etc.

La consciencia visual del mago establece correctamente la apariencia del elefante pero su consciencia mental se da cuenta de que el elefante está vacío de existir del modo en que aparece. Si combinamos estos dos aspectos estamos trabajando con el logro subsiguiente, en que las cosas aparezcan como ilusiones.

Todo lo que vemos es correctamente establecido por una cognición válida convencional. En estos casos aparece "algo", una imagen, una ilusión. Y del mismo modo, en nuestra vida ordinaria todo aparece ante nosotros como "intrínseco", aunque en realidad ninguna cosa lo es.

Las ilusiones correctas tienen dos características: ilusoria en términos de su naturaleza última e ilusoria en cuanto a su apariencia. *Ilusoria en términos de la naturaleza última.* Todos los fenómenos aparecen como intrínsecos aunque no lo son. La ausencia de existencia propia, inherente o intrínseca es una ilusión en términos de la naturaleza última porque es un surgimiento dependiente y, por tanto, existe de manera convencional. *Ilusoria en términos de su apariencia.* Significa que a pesar de que los fenómenos carecen de existencia intrínseca, aparecen ante nosotros.

Cuando acabamos nuestra sesión de meditación sobre el vacío deberíamos adiestrarnos en tener la misma visión de los fenómenos que tendría el mago que *percibe* este elefante pero *sabe* que es una ilusión. Todos los fenómenos aparecen ante nosotros teniendo una existencia inherente o intrínseca aunque su realidad es una mera existencia convencional. Entender que todo aparece de manera convencional pero que carece de existencia intrínseca nos permite percibir su verdadera ilusoriedad en el sentido correcto.

No deberíamos dejarnos llevar por una interpretación errónea de lo que quiere decir ilusión, pues ello podría ser peligroso. Sin estar muy familiarizados en la meditación correcta de la vacuidad, sin duda nos será difícil establecer la ilusoriedad de todos los fenómenos. Por esta razón, hemos de meditar constantemente sobre la vacuidad hasta que podamos alcanzar la visión de que todo lo que nos rodea y nosotros mismos somos como una ilusión. Familiarizándonos en la meditación sobre el vacío, tarde o temprano llegará el momento en el que podremos diferenciar con claridad entre el objeto de negación y la base válida sobre la que imputamos dicho objeto de negación, siendo entonces cuando podremos realizar que las apariencias con las que nos encontramos son una mera ilusión. El texto de Gueshe Chekawa ilustra esta sección con las palabras:

Entre sesiones considera todos los fenómenos como ilusorios.

Jorte Namka Pelsen, que estuvo unos doce años al lama de Je Tsong Khapa termina su enseñanza diciendo:

Yo soy de inteligencia y esfuerzo inferior, en consecuencia si al reunir estas explicaciones no he podido explicarlas correctamente, declaro sinceramente esas faltas ante aquellos que poseen el ojo de la doctrina. Gracias a cualquier virtud que haya conseguido amasar en este empeño, que yo y todos los seres conscientes en el espacio nunca se aparten de la mente del despertar. Que se elimine cualquier rastro de pena y dolor, y que todos los seres tengan felicidad.

Encabezamientos del Texto

Las instrucciones de la práctica del Adiestramiento de la Mente
tiene diez partes:

> Cualidades del texto del Adiestramiento de la Mente a
> través de su historia.
> Presentación de las instrucciones que deberán ser respetadas
> y llevadas a su práctica.
> Prácticas Preliminares.
> La Práctica en sí; adiestrarse en la bodhichita convencional
> y en la bodhichita última.
> Las ramas del Adiestramiento de la Mente.
> Llevar las circunstancias adversas al sendero de la bodhichita.
> Unificar toda la práctica espiritual en el espacio de tiempo
> de una vida.
> La medida de éxito del adiestramiento en la bodhichita.
> Los compromisos de la bodhichita.
> Los consejos de la bodhichita.

Las prácticas preliminares

> El perfecto renacimiento humano.
> Reflexionar en la muerte y la impermanencia.
> Observar la ley de causa y efecto.
> Reflexionar en las desventajas de *la existencia cíclica*.

El perfecto renacimiento humano

> Identificar el perfecto renacimiento humano.
> El gran valor del perfecto renacimiento humano.
> La dificultad de obtener un perfecto renacimiento humano.

Reflexionar en la muerte y la impermanencia

> La muerte es inevitable.
> El momento de la muerte es incierto.
> En el momento de la muerte sólo el Dharma nos puede
> ayudar.

Observar la ley de causa y efecto
Las acciones son definitivas.
Los resultados de las acciones aumentan.
Sin crear una acción no se experimenta su resultado.
Las acciones creadas no pierden su potencial.

Reflexionar en las desventajas e inconvenientes de la existencia cíclica
Incertidumbre.
Insatisfacción.
Abandonar el cuerpo una y otra vez.
Volver a renacer.
Cambiar de posición.
Soledad.

Nacer.
Envejecer.
Enfermar.
Morir.
Separarse de los amigos y familiares.
Encontrarse con objetos desagradables.
Separarse de objetos agradables.
No conseguir lo que uno desea.

El sufrimiento de la miseria.
El sufrimiento del cambio.
El sufrimiento que lo impregna todo.

También puede dividirse en tres partes más:

La existencia cíclica no es de fiar.
La naturaleza insatisfactoria de la felicidad samsárica.
Renacer desde tiempos sin principio.

La práctica en sí
Adiestrarse en la bodhichita convencional.
Adiestrarse en la bodhichita última.

Adiestrarse en la bodhichita convencional

La bodhichita es el único método para entrar en el vehículo mahayana.

Las etapas para genera la bodhichita convencional.

Las etapas para generar la bodhichita convencional

Práctica durante la sesión de meditación.

Práctica después de la sesión de meditación.

Práctica durante la sesión de meditación

Desventajas del egoísmo.

Beneficios de estimar a los demás.

Cambiarse por los demás.

Meditar en el amor.

Meditar en la compasión.

Meditar en la bodhichita.

Meditar en el amor

Cómo generar amor por medio de dar el cuerpo.

Cómo generar amor por medio de dar nuestros bienes.

Cómo generar amor por medio de dar nuestras virtudes.

Cómo generar amor por medio de dar el cuerpo

Entregar el cuerpo a los seres que no están en el camino espiritual.

Entregar el cuerpo a los seres que están en el camino espiritual.

Entregar el cuerpo al medio ambiente.

Meditar en la compasión

Meditar en la compasión por medio de tomar las causas del sufrimiento y el sufrimiento en sí.

Meditar en la compasión por medio de tomar las faltas e inconvenientes del lugar donde viven los seres.

Práctica después de la sesión de meditación
Los tres objetos, los tres venenos y las tres raíces de virtud.
Recitación de versos mientras ejecutas actividades.

Las ramas del Adiestramiento de la Mente
Llevar las circunstancias adversas al sendero de la bodhichita.
Unificar toda la práctica en el espacio de tiempo de una vida.
La medida del éxito del adiestramiento en la bodhichita.
Los compromisos de la bodhichita.
Los consejos de la bodhichita.

Llevar las circunstancias adversas al sendero de la bodhichita
La manera de llevar las circunstancias adversas al camino por medio de la bodhichita.
La manera de llevar las circunstancias adversas al camino por medio de las actividades extraordinarias de acumular y eliminar.

La manera de llevar las circunstancias adversas al camino por medio de las actividades extraordinarias de acumular y eliminar
Acumular mérito.
Eliminar las faltas.
Ofrecer tormas a los espíritus que producen los obstáculos.
Ofrecer tormas a los Protectores para atraer su actividad Iluminada.

Unificar toda la práctica espiritual en el espacio de tiempo de una vida
La Fuerza de la Intención.
La Fuerza de la Semilla Blanca.
La Fuerza de la Purificación.
La Fuerza de las Oraciones de Aspiración.
La Fuerza de la Familiaridad.

Para aplicar estas mismas fuerzas en el momento de la muerte
el orden es así:

La Fuerza de la Intención.
La Fuerza de la Familiaridad.
La Fuerza de la Semilla Blanca.
La Fuerza de la Purificación.
La Fuerza de la Aspiración.

La medida del éxito del adiestramiento en la bodhichita

Toda la práctica del Dharma se condensa en un solo
objetivo.
Mantén el principal de los dos testigos.
Confía siempre en una mente feliz.
La más clara indicación de haberse adiestrado con éxito es el
poder invertir.
El signo de haberse adiestrado es haber alcanzado las cinco
grandezas.
Uno está adiestrado si puede practicar incluso cuando
estádistraído.

Los compromisos - Los consejos

Adiestrarse en la bodhichita última

La persona a quien debe darse la enseñanza.
El momento en el que debe explicarse la bodhichita última.
La instrucción.

Cómo establecer las dos ausencias de existencia intrínseca

Etapas para establecer la ausencia de existencia intrínseca.
La manera de establecer la ausencia de existencia intrínseca.

La manera de establecer la ausencia de existencia intrínseca

Establecer la ausencia de existencia intrínseca de la persona.
Establecer la ausencia de existencia intrínseca de los
fenómenos.

La manera de sostener la mente en equilibrio meditativo sobre la vacuidad.

Observar todos los fenómenos como una ilusión.

Establecer la ausencia de existencia intrínseca de la persona

Establecer la ausencia de existencia intrínseca del "yo".

Establecer la ausencia de existencia intrínseca de lo mío.

Texto Raíz del Adiestramiento de la Mente en Siete Puntos

De Gueshe Chekawa

Homenaje a la gran compasión.
La esencia de esta instrucción que es similar al néctar fue transmitida por Serlingpa.
Son como un diamante, como el sol y como un árbol medicinal.
El significado de este texto debería conocerse.
Las cinco impurezas podrán ser transformadas en el sendero que conduce hacia la Iluminación.

Prácticas preliminares

Primero aprende los preliminares.

Adiestrarse en la bodhichita convencional

Reúne toda la culpa en una.
Medita en la gran amabilidad de todos los seres.
Adiéstrate alternativamente en dar y tomar.
Empieza la secuencia tomando de tu propio lado.
Monta los dos sobre la respiración.
Los tres objetos, los tres venenos y las tres raíces de virtud son la instrucción breve durante el logro posterior.
Para recordar adiéstrate en cada actividad con palabras.

Transformación de las circunstancias adversas

Cuando el recipiente y su contenido están repletos de maldad, transforma las condiciones adversas en el sendero que conduce hacia la Iluminación.
Aplica la meditación ante cualquier circunstancia con la que te encuentres.
Aplicar los cuatro preparativos es el método supremo.

Integrar nuestras prácticas diarias

Esta breve y esencial instrucción debe realizarse desplegando las Cinco Fuerzas.

Las Cinco Fuerzas son la práctica más importante de las instrucciones sobre la Transferencia Mahayana.

La medida del éxito

Toda la práctica del Dharma se condensa en un solo objetivo.

Mantén el principal de los dos testigos.

Confía siempre en una mente feliz.

La más clara indicación de haberse adiestrado con éxito es el poder invertir.

El signo de haberse adiestrado es haber alcanzado las cinco grandezas.

Uno está adiestrado si puede practicar incluso cuando está distraído.

Los Compromisos

Adiéstrate en todo momento en los tres significados.

1. No contradecir los compromisos del adiestramiento de la mente.
2. La práctica del adiestramiento de la mente no debería desviarse.
3. No practiques con parcialidad.
4. Adiéstrate siempre en las cinco cualidades distinguidas.
5. No te dejes llevar por las condiciones.
6. Permanece natural mientras cambias tu actitud.
7. No hables de miembros degenerados.
8. No pienses en las faltas de los demás.
9. Abandona cualquier esperanza por la obtención de resultados.
10. Abandona la comida venenosa.
11. No sigas el camino fácil.
12. No emplees palabras duras.
13. No estés al acecho.
14. No ataques los puntos sensibles.

15. No pongas la carga de un dzo sobre los lomos de un toro.
16. No participes en la carrera.
17. No conviertas aun dios en un demonio.
18. No causes sufrimiento a otros por buscar tu propia felicidad.

Los consejos

1. Haz todos los yogas en uno.
2. Hay dos actividades básicas: la del principio y la del final.
3. Soporta el sufrimiento como soportas la felicidad.
4. Protege los dos preceptos aún a costa de tu vida.
5. Adiéstrate en las tres dificultades.
6. Todo debe ser transformado en el sendero.
7. Adiéstrate en acoger a todos los seres desde lo más profundo de tu corazón.
8. Reúne las tres causas principales.
9. En primer lugar purificar el engaño más burdo.
10. Mantén el punto principal.
11. Familiarízate con las tres no degeneraciones.
12. Posee los tres inseparables.
13. Aplica los antídotos cuando no puedas practicar el Adiestramiento de la Mente.
14. La práctica principal es la bodhichita.
15. No pienses erróneamente.
16. No seas inconstante.
17. Practica con esfuerzo.
18. Libérate por el empleo de los dos antídotos: el análisis y la investigación.
19. No seas jactancioso.
20. No deberías ser propenso al enfado ni a la crítica.
21. Practica constantemente.
22. No esperes. Gratitud.

La Bodhichita última

Revela el secreto al que ha obtenido firmeza.
Piensa que todos los fenómenos son como sueños.
Analiza la naturaleza no creada de la cognición.

Incluso el oponente está libre de existir por su propio lado.
Emplaza el sendero sobre la base de todo.
Entre sesiones considera todos los fenómenos como
ilusorios.

Glosario

Acciones y sus efectos (Karma). La palabra sánscrita *karma* literalmente significa acción. El factor mental "intención" es el *karma* auténtico. Por la fuerza de la intención creamos acciones con nuestro cuerpo, palabra y mente. El efecto de las acciones virtuosas es felicidad y el resultado de las acciones negativas es sufrimiento.

Agregado. Los diversos componentes físicos y mentales de la que consta una persona, forma, sensación, discernimiento, conciencia y factores composicionales.

Arya. Literalmente, "Un Ser Noble". Alguien que ha progresado en el sendero espiritual hasta el punto en que ha obtenido una comprensión o realización directa de la vacuidad.

Arhat. Un ser liberado que está libre de los engaños y ha obtenido el Nirvana.

Bendiciones. Oleadas de inspiración. Gracia. La influencia que emana de un Ser Iluminado y que inspira al practicante en su práctica espiritual.

Bodhisatva. Un ser que ha generado la mente espontánea de la bodhichitta. Desde el primer momento en que el practican te genera la bodhichitta no artificial o genuina, se vuelve un Bodhisatva y entra en el sendero de *acumulación.* Un Bodhisatva ordinario es alguien que aún no ha realizado la vacuidad directamente; un Bodhisatva superior es quien ha obtenido una realización directa del vacío.

Buda. Un ser que ha abandonado completamente todos los engaños y sus impresiones.

Buda Sakyamuni. Es el cuarto de los Mil Budas que aparecerán en este mundo. Los primeros tres fueron Krakuchchhanda, Kanakamuni y Kashyapa. El siguiente será Maitreya.
Budeidad. Iluminación. Nirvana superior.

Deidad. (Skt. *Yidam*). El término "deidad" se utiliza principalmente para referirse a Budas y Bodhisatvas que se visualizan bajo forma divina durante la práctica tántrica. Representan un aspecto específico del estado Iluminado.

Dharma. Se refiere a las enseñanzas de Buda ya las realizaciones internas que se generan practicando estas enseñanzas.

Dharmakaya. El estado puro interno de los seres Iluminados, que tiene dos aspectos: sabiduría pura y la naturaleza última pura de la mente de un Ser Iluminado.

Deva. El más elevado de las seis clases de seres en el *samsara*.

Engaño. Cualquier emoción o concepción que altere y distorsione la conciencia.

Eón. (Skt. *Kalpa*). Espacio de tiempo muy largo, intraducible A en cifras.

Existencia cíclica. (Skt. *Samsara*). Es el ciclo de muerte y renacimiento descontrolado que es impulsado por la fuerza de los engaños y las acciones contaminadas. Es la base para experimentar sufrimiento.

Existencia inherente. La aparente existencia de los fenómenos, independiente de partes, causas o del proceso de imputación conceptual. Lo que es negado por la vacuidad.

Factor mental. Hay seis mentes primarias: conciencia visual, auditiva, olfativa, gustativa, corporal y mental. Estas mentes primarias conocen el aspecto general de su objeto. Los factores mentales son las funciones diferentes de la mente que conocen los aspectos particulares de su objeto. Aunque hay incontables factores mentales, se dividen en cincuenta y uno. Entre estos hay algunos de positivos como la fe, algunos de negativos como el odio, y otros de neutros como el sueño.

Guelugpa. El sistema de enseñanzas completas de Buda, tanto en Sutra como en Tantra, establecido por Lama Tsong Khapa en el siglo catorce. Guelug significa un sistema de práctica inmaculado y completo.

Gueshe. Originalmente uno que es cualificado como Guía Espiritual. En la tradición Guelug ahora se usa como título para quien ha dominado la filosofía y técnicas de meditación budistas.

Guru Raíz. Lama. Maestro espiritual, el guía espiritual de quien hemos recibido Iniciaciones, Instrucciones y Transmisiones Orales.

Hinayana. Vehículo espiritual para aquéllos que buscan la propia liberación del sufrimiento.

Ignorancia. Raíz de la existencia cíclica. Desconocimiento de la manera en que las cosas existen o de cuál es su función.

Iluminación. Omnisciencia. Budeidad. Nirvana superior. Estado perfecto del ser. Estado Iluminado.

Impresión. Semilla kármica. Las tendencias positivas, negativas y neutrales depositadas en la mente por la fuerza de las acciones. Son comparadas a semillas que en el futuro madurarán en forma de felicidad o sufrimiento.

Ishvara. Un dios que mora en la Tierra en que se Controlan las Emanaciones de los Demás, el estado más elevado de existencia dentro de la existencia cíclica. Ishvara tiene poderes milagrosos limitados y contaminados que le hacen más poderoso que los demás seres del Reino del Deseo. Confiándonos a él podemos recibir beneficios temporales en esta vida, dinero, bienes, etc., pero el Ishvara iracundo es enemigo de aquellos que desean la Liberación y por tanto interfiere en su progreso espiritual. Por ello se dice de él que es un tipo de demonio (Mara) Devaputra.

Lam Rim. Etapas del Camino a la Iluminación. Enseñanzas orales y escritas que describen las diferentes etapas en el sendero a la Iluminación y los métodos para atravesarlas.

Liberación. Nirvana menor, estado de libertad personal completa del sufrimiento y sus causas.

Mahayana. El vehículo mayor para aquellos que buscan la Iluminación completa para beneficio de los demás.

Mara. Demonio. Obstrucción personificada. Cualquier cosa que obstruya nuestro logro de la Liberación o Iluminación. Hay cuatro grandes obstáculos a estos dos logros y por tanto se dice que hay cuatro tipos de demonios: los demonios *Devaputra*, el demonio de la *muerte*, el de los *engaños* y el de los *agregados contaminados*. De todos ellos sólo los demonios Devaputra son seres conscientes. El principal de ellos es Ishvara iracundo, Un epíteto de Buda o Ser Iluminado es Conquistador porque ha conquistado estos cuatro demonios.

Meditación. Proceso de familiarización profunda con estados mentales virtuosos.

Meditación analítica. Examen conceptual constante del objeto de meditación. Precede a la meditación de emplazamiento en la que la mente, sin analizar, está enfocada absolutamente y sin distracción sobre el objeto de meditación.

Mérito. Es la buena fortuna que se cree a través del poder de las acciones virtuosas y que tiene el poder potencial de aumentar las buenas cualidades y producir felicidad.

Método y Sabiduría. El sendero espiritual hacia la Iluminación tiene dos aspectos: método y sabiduría. Método es la causa principal de que madure nuestro Linaje de Buda. Las prácticas de la gran compasión, el amor, la bodhichitta y las perfecciones de la generosidad, disciplina moral, paciencia, esfuerzo y estabilización mental constituyen las prácticas del método. La sabiduría es la causa principal de que nuestro Linaje de Buda se libere de los engaños y sus impresiones. Las prácticas para desarrollar una comprensión correcta de la naturaleza de las dos verdades, convencional y última, constituyen las prácticas de la sabiduría.

Naga. Es un ser del reino animal y, por lo general, no es visible a los humanos. Los nagas viven principalmente en los océanos, pero también habitan en la tierra, particularmente entre las rocas y árboles. Son muy poderosos y pueden ayudar o dañar a los seres humanos. Causan muchas enfermedades, conocidas como las enfermedades de los nagas que la medicina convencional no puede combatir, sin embargo, pueden curarse a través de ciertos rituales.

Reino del deseo. Uno de los tres reinos de existencia cíclica mencionados en las escrituras budistas. Es el reino en donde los seres disfrutan los cinco objetos de los sentidos: forma, sonido, olor, tacto y gusto. Hay seis reinos en este reino: el de los dioses, semidioses y humanos (los reinos superiores); y el de los animales, espíritus hambrientos y el de los infiernos (los reinos inferiores).

Reino de la Forma. Uno de los tres reinos de la existencia cíclica, más allá del reino del deseo. Los seres allí han renunciado al disfrute de los objetos sensoriales externos pero aún y así todavía tienen apego a la forma interna, es decir, su propio cuerpo y mente.

Reino sin Forma. Este reino está incluso más allá del Reino del Deseo y de la Forma. Aquí los seres han renunciado incluso a la forma y existen sólo como corriente de conciencia. Aunque, temporalmente han abandonado el apego a los placeres de la forma, su mente aún está esclavizada por el deseo y apego sutiles a los estados mentales y ego, por tanto están dentro del *samsara*.

Sutra. Enseñanzas del Buda que están basadas en los tres adiestramientos de moralidad, concentración y sabiduría y las seis perfecciones.

Tantra. Mantra Secreto. Las enseñanzas más elevadas del Buda. Nos dirigen rápidamente a la Iluminación. Estas enseñanzas se distinguen de las del Sutra porque revelan métodos para adiestrar la mente a llevar el resultado futuro, o Budeidad, al sendero presente. Mantra indica que es una instrucción especial del Buda para proteger la mente de apariencias y concepciones ordinarias. Para superar las apariencias y concepciones ordinarias los practicantes de Mantra Secreto visualizan su cuerpo, disfrutes y actividades como las de un Buda. Secreto indica que las prácticas deben hacerse en privado y sólo por los que han recibido una Iniciación Tántrica.

Tierra Pura. Es un medio ambiente puro sin sufrimiento. Hay muchas Tierras Puras, Sukhavati es la de Amithaba y Thagpa Kacho la de Vajra Yoguini.

Torma. Un ofrecimiento especial de comida hecho según rituales de Sutra o de Tantra.

Tsong Khapa (1357-1419). Fundador de la escuela Guelug. Nació en Amdo, en lo que más tarde sería el monasterio de Kum Bum. Escribió más de doscientos textos, de los cuales, el más ampliamente estudiado es el Lam Rim Extenso.

Vacuidad. (Skt. *Sunyata).* Vacío. La mera ausencia de existencia inherente o intrínseca. La naturaleza última de los fenómenos.